1 4주 완성의 계획적인 수학 학습!

2 시간 내 푸는 연습을 통한 실전 감각 향상!

3 다양한 구성의 문제로 사고력 향상!

계산력이 왜 중요한가?

계산력은 수학의 뿌리!
계산력 없이 수학은 생각할 수 없지.
수학은 계통성의 학문이라고 해.
역연산으로 인해 덧셈이 뺄셈의 기초가 되고,
곱셈이 확립되어야
나눗셈이 가능해지기 때문이지.
따라서 수학의 근간인 기초 계산력을
완벽하게 다져 주는 것이야말로
수학 만점으로 가는 첫걸음이지.

구성과 특징

개념 만화

만화를 통한 **원리 깨치기**

만화를 통한 계산 원리와 개념을
이해할 수 있습니다.

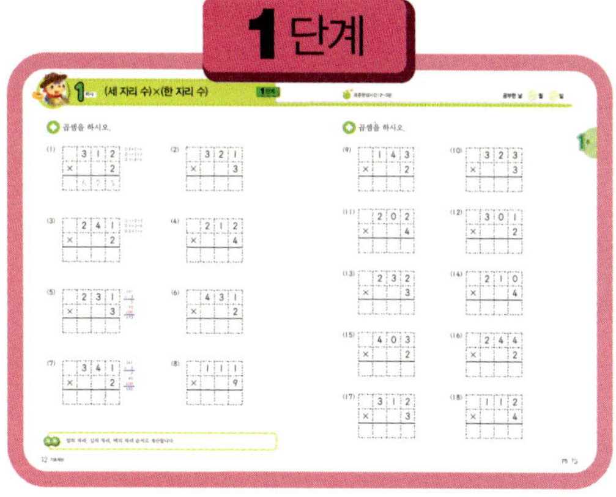

1단계

집중 연습으로 **계산력 다지기**

집중 연습 문제로 기초 계산력을
완벽하게 다질 수 있습니다.

2단계

퍼즐형 문제로 **정확성 기르기**

흥미로운 퍼즐형 문제로 이루어져
집중력과 정확성까지 기를 수 있습니다.

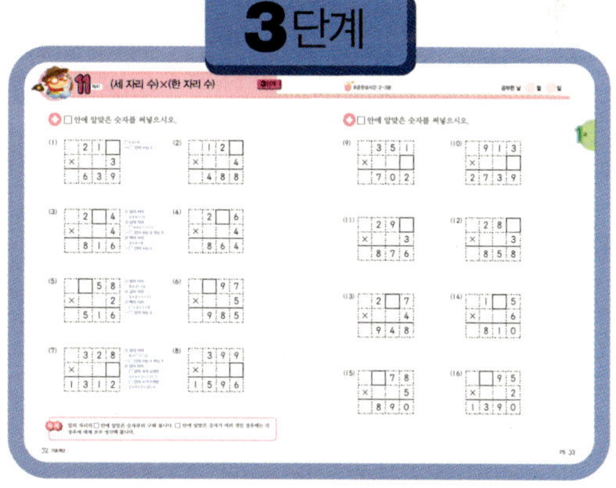

3단계

다양한 문제로 **사고력 키우기**

다양한 문제를 통해 수학적 사고력과
문제 해결력을 높일 수 있습니다.

내용 구성표

권	주	A단계 (5~7세)	B단계 (5~7세)	C단계 (5~7세)
1권	1	일대일 대응, 많다 · 적다	더하기 3 : (1~7)+3	빼기 5 : (1~20)-5
	2	1~5 수 익히기	더하기 3 : (1~17)+3	빼기 6 : (1~20)-6
	3	1~5 수 익히기	더하기 3 : (1~27)+3	빼기 4, 5, 6의 종합
	4	0, 6~10 수 익히기	더하기 1, 2, 3의 종합	더하기 · 빼기의 종합 ①
2권	1	0, 6~10 수 익히기	빼기 1 : (1~10)-1	더하기 · 빼기의 종합 ②
	2	1~10 종합	빼기 1 : (1~20)-1	더하기 7 : (1~9)+7
	3	수 가르기와 수 모으기(1, 2, 3, 4, 5)	빼기 2 : (1~10)-2	더하기 7 : (1~19)+7
	4	수 가르기와 수 모으기(6, 7, 8, 9, 10)	빼기 2 : (1~20)-2	더하기 7 : (1~23)+7
3권	1	11~20 수 익히기	빼기 3 : (1~10)-3	더하기 8 : (1~9)+8
	2	11~20 수 익히기	빼기 3 : (1~20)-3	더하기 8 : (1~22)+8
	3	1~20 종합	빼기 1, 2, 3의 종합	더하기 9 : (1~9)+9
	4	21~30 수 익히기	더하기 · 빼기의 관계 ①	더하기 9 : (1~21)+9
4권	1	31~40 수 익히기	더하기 · 빼기의 관계 ②	더하기 10 : (1~20)+10
	2	41~50 수 익히기	더하기 4 : (1~6)+4	더하기 7, 8, 9, 10의 종합
	3	1~50 종합	더하기 4 : (1~16)+4	더하기 1~10의 종합
	4	51~70 수 익히기	더하기 4 : (1~26)+4	빼기 7 : (1~20)-7
5권	1	71~100 수 익히기	더하기 5 : (1~9)+5	빼기 8 : (1~20)-8
	2	1~100 종합	더하기 5 : (1~15)+5	빼기 9 : (1~20)-9
	3	더하기 1 : (1~9)+1	더하기 5 : (1~25)+5	빼기 10 : (1~20)-10
	4	더하기 1 : (1~19)+1	더하기 6 : (1~9)+6	빼기 7, 8, 9, 10의 종합
6권	1	더하기 1 : (1~29)+1	더하기 6 : (1~14)+6	빼기 1~10의 종합
	2	더하기 2 : (1~8)+2	더하기 6 : (1~24)+6	더하기 · 빼기의 종합 ③
	3	더하기 2 : (1~18)+2	더하기 4, 5, 6의 종합	더하기 · 빼기의 종합 ④
	4	더하기 2 : (1~28)+2	빼기 4 : (1~20)-4	재미있는 더하기 · 빼기의 규칙

권	주	D단계 (초1)	E단계 (초2)	F단계 (초3)	G단계 (초4)
1권	1	더하기 1, 2, 3	받아올림이 있는 (두 자리 수)+(한 자리 수)	(세 자리 수)+(세 자리 수) ①	100, 1000, 10000, 몇백, 몇천 곱하기
	2	합이 5까지인 덧셈	받아내림이 있는 (두 자리 수)−(한 자리 수)	(세 자리 수)+(세 자리 수) ②	(세 자리 수)×(두 자리 수)
	3	합이 9까지인 덧셈	세 수의 덧셈	(세 자리 수)−(세 자리 수) ①	(네 자리 수)×(두 자리 수)
	4	받아올림이 없는 (한 자리 수)+(한 자리 수)	세 수의 뺄셈	(세 자리 수)−(세 자리 수) ②	(세 자리 수)×(세 자리 수)
2권	1	빼기 1, 2, 3	일의 자리에서 받아올림이 있는 (두 자리 수)+(두 자리 수)	2, 3, 4, 5의 단 곱셈구구를 이용한 나눗셈	(세 자리 수)÷(한 자리 수)
	2	5까지의 뺄셈	십의 자리에서 받아올림이 있는 (두 자리 수)+(두 자리 수)	6, 7, 8, 9의 단 곱셈구구를 이용한 나눗셈	(두·세 자리 수)÷(몇십)
	3	9까지의 뺄셈	일, 십의 자리에서 받아올림이 있는 (두 자리 수)+(두 자리 수)	곱셈구구를 이용한 나눗셈 ①	(두·세 자리 수)÷(두 자리 수)
	4	(한 자리 수)−(한 자리 수)	받아올림이 있는 (두 자리 수)+(두 자리 수)	곱셈구구를 이용한 나눗셈 ②	(세·네 자리 수)÷(두 자리 수)
3권	1	10이 되는 더하기	받아내림이 있는 (두 자리 수)−(두 자리 수) ①	(두 자리 수)×(한 자리 수) ①	덧셈과 뺄셈의 혼합 계산
	2	10에서 빼기	받아내림이 있는 (두 자리 수)−(두 자리 수) ②	(두 자리 수)×(한 자리 수) ②	곱셈과 나눗셈의 혼합 계산
	3	세 수의 계산 ①	세 수의 계산 ①	(두 자리 수)×(한 자리 수) ③	혼합 계산 1
	4	세 수의 계산 ②	세 수의 계산 ②	(두 자리 수)×(한 자리 수) ④	혼합 계산 2
4권	1	받아올림이 없는 (두 자리 수)+(한 자리 수)	2, 3, 4, 5의 단 곱셈구구	(네 자리 수)+(세 자리 수)	분수의 이해 1
	2	받아올림이 없는 (두 자리 수)+(두 자리 수)	6, 7, 8, 9의 단 곱셈구구	(네 자리 수)+(네 자리 수)	분수의 이해 2
	3	받아내림이 없는 (두 자리 수)−(한 자리 수)	곱셈구구 ①	(네 자리 수)−(세 자리 수)	분수의 이해 3
	4	받아내림이 없는 (두 자리 수)−(두 자리 수)	곱셈구구 ②	(네 자리 수)−(네 자리 수)	분수의 덧셈
5권	1	두 수의 합이 10이 되는 세 수의 덧셈	받아올림이 없는 (세 자리 수)+(세 자리 수)	(세 자리 수)×(한 자리 수)	분수의 덧셈
	2	(한 자리 수)+(한 자리 수) ①	일의 자리에서 받아올림이 있는 (세 자리 수)+(세 자리 수)	(한 자리 수)×(두 자리 수)	분수의 뺄셈 1
	3	(한 자리 수)+(한 자리 수) ②	십의 자리에서 받아올림이 있는 (세 자리 수)+(세 자리 수)	(두 자리 수)×(두 자리 수) ①	분수의 뺄셈 2
	4	(한 자리 수)+(한 자리 수)의 종합	일, 십의 자리에서 받아올림이 있는 (세 자리 수)+(세 자리 수)	(두 자리 수)×(두 자리 수) ②	세 분수의 덧셈과 뺄셈
6권	1	(십 몇)−(한 자리 수) ①	받아내림이 없는 (세 자리 수)−(세 자리 수)	(두 자리 수)÷(한 자리 수) ①	소수 한 자리 수의 덧셈
	2	(십 몇)−(한 자리 수) ②	십의 자리에서 받아내림이 있는 (세 자리 수)−(세 자리 수)	(두 자리 수)÷(한 자리 수) ②	소수 두·세 자리 수의 덧셈
	3	세 수의 덧셈	백의 자리에서 받아내림이 있는 (세 자리 수)−(세 자리 수)	(두 자리 수)÷(한 자리 수) ③	소수 한 자리 수의 뺄셈
	4	세 수의 뺄셈	십, 백의 자리에서 받아내림이 있는 (세 자리 수)−(세 자리 수)	(두 자리 수)÷(한 자리 수) ④	소수 두·세 자리 수의 뺄셈

활용 가이드

Q

아이 수준을 몰라서
어느 단계의 교재를
선택하면 될지 모르겠어요.

A

한 페이지에서
틀린 문제가 6문제 이상이면
이전 단계의
교재부터 시작하세요.

계산 실수를 자주 해요.

정해진 시간 안에 푸는
연습으로 실전 감각을
키우세요.

시험 시간이 부족해요.

매일매일 공부하는
습관으로
정확성을 키우세요.

공부 계획을
스스로 세우기 힘들어요.

스케줄표를 이용해
계획을 세워
2주, 4주 완성에 도전하세요.

4주 완성 스케줄표

1주 확인	1일	2일	3일	4일	5일	6일
	12~15쪽	16~19쪽	20~23쪽	24~27쪽	28~31쪽	32~35쪽

2주 확인	7일	8일	9일	10일	11일	12일
	40~43쪽	44~47쪽	48~51쪽	52~55쪽	56~59쪽	60~63쪽

3주 확인	13일	14일	15일	16일	17일	18일
	68~71쪽	72~75쪽	76~79쪽	80~83쪽	84~87쪽	88~91쪽

4주 확인	19일	20일	21일	22일	23일	24일
	96~99쪽	100~103쪽	104~107쪽	108~111쪽	112~115쪽	116~119쪽

※ 매일 4장(4차시)씩 풀면 12일 만에 완성할 수 있습니다.

 **1주**

(세 자리 수)×(한 자리 수)

차시	단계	공부한 날	잘 했나요?			
1차시		월 일	☺	☺	😐	😣
2차시		월 일	☺	☺	😐	😣
3차시		월 일	☺	☺	😐	😣
4차시		월 일	☺	☺	😐	😣
5차시	1단계	월 일	☺	☺	😐	😣
6차시		월 일	☺	☺	😐	😣
7차시		월 일	☺	☺	😐	😣
8차시		월 일	☺	☺	😐	😣
9차시	2단계	월 일	☺	☺	😐	😣
10차시		월 일	☺	☺	😐	😣
11차시	3단계	월 일	☺	☺	😐	😣
12차시		월 일	☺	☺	😐	😣

틀린 개수가

0～1 개이면 ☺ (아주 잘함)에, 2～3개이면 ☺ (잘함)에,

4～5 개이면 😐 (보통)에, 6개 이상이면 😣 (노력 바람)에 색칠해 주세요.

만화로 개념 알아보기

(세 자리 수)×(한 자리 수)의 곱셈을 여러 가지 방법으로 숙달하고, 곱셈의 기초를 완성합니다.

1주

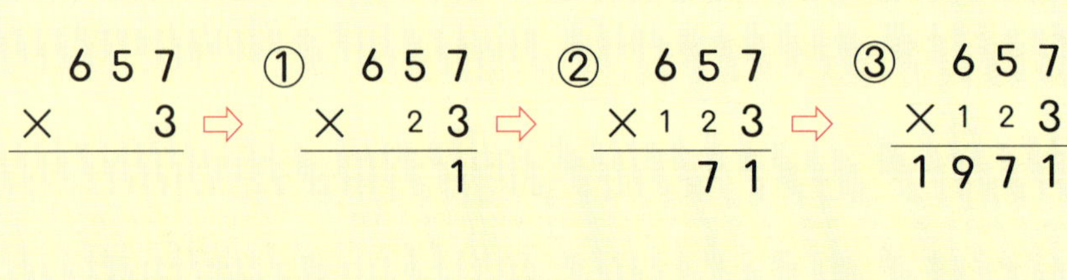

$$\begin{array}{r} 657 \\ \times\ \ 3 \\ \hline \end{array} \Rightarrow
① \begin{array}{r} 657 \\ \times\ ^{2}3 \\ \hline 1 \end{array} \Rightarrow
② \begin{array}{r} 657 \\ \times\ ^{1}{}^{2}3 \\ \hline 71 \end{array} \Rightarrow
③ \begin{array}{r} 657 \\ \times\ ^{1}{}^{2}3 \\ \hline 1971 \end{array}$$

① $7 \times 3 = 21$에서 1은 일의 자리에 쓰고, 20은 올림하여 십의 자리 아래에 작게 2라고 씁니다.

② $5 \times 3 = 15$와 올림한 수 2를 더한 17에서 7은 십의 자리에 쓰고, 10은 올림하여 백의 자리 아래에 작게 1이라고 씁니다.

③ $6 \times 3 = 18$과 올림한 수 1을 더한 19에서 9는 백의 자리에 쓰고, 1은 천의 자리에 씁니다.

1주

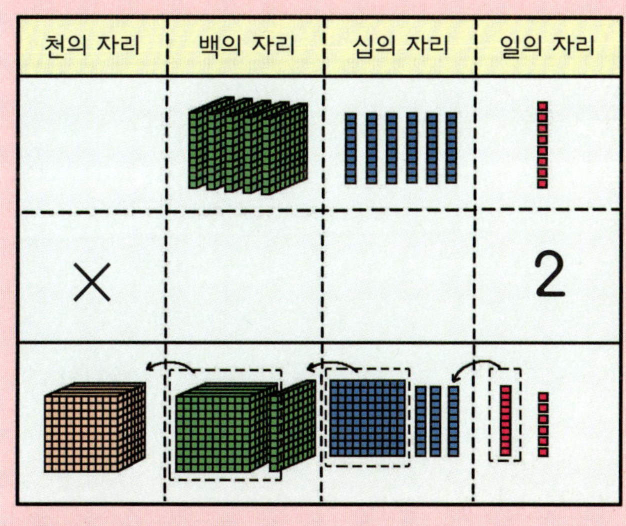

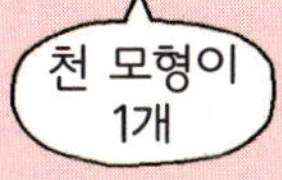

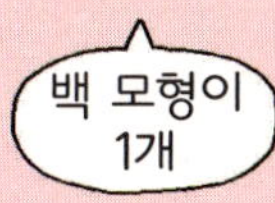

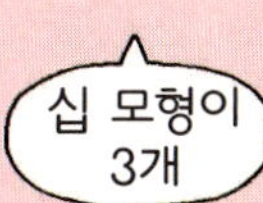

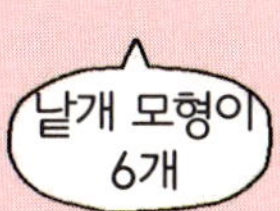

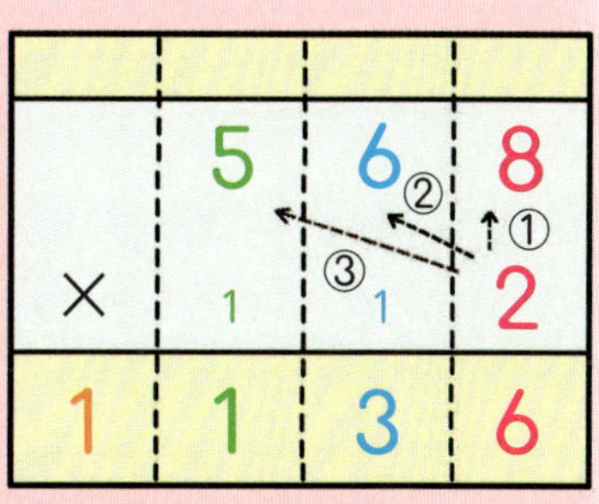

① 8×2=16
② 6×2+1=13
③ 5×2+1=11

1차시 (세 자리 수)×(한 자리 수)

 곱셈을 하시오.

(1)

```
    3 1 2    ① 2×2=4
  ×     2    ② 1×2=2
  ─────────  ③ 3×2=6
    6 2 4
```

(2)

```
    3 2 1
  ×     3
```

(3)

```
    2 4 1    ① 1×2=2
  ×     2    ② 4×2=8
  ─────────  ③ 2×2=4
```

(4)

```
    2 1 2
  ×     4
```

(5)

```
    2 3 1      231
  ×     3    ×   3
  ─────────    ───
                 3
                90
               600
               ───
               693
```

(6)

```
    4 3 1
  ×     2
```

(7)

```
    3 4 1      341
  ×     2    ×   2
  ─────────    ───
                 2
                80
               600
               ───
               682
```

(8)

```
    1 1 1
  ×     9
```

 일의 자리, 십의 자리, 백의 자리 순서로 계산합니다.

✚ 곱셈을 하시오.

(9)

```
    1 4 3
  ×     2
─────────
```

(10)

```
    3 2 3
  ×     3
─────────
```

(11)

```
    2 0 2
  ×     4
─────────
```

(12)

```
    3 0 1
  ×     2
─────────
```

(13)

```
    2 3 2
  ×     3
─────────
```

(14)

```
    2 1 0
  ×     4
─────────
```

(15)

```
    4 0 3
  ×     2
─────────
```

(16)

```
    2 4 4
  ×     2
─────────
```

(17)

```
    3 1 2
  ×     3
─────────
```
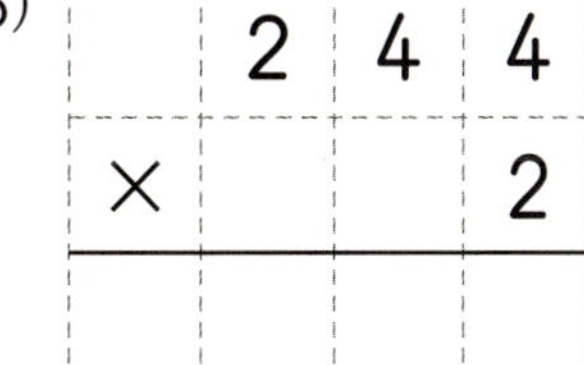

(18)

```
    1 1 2
  ×     4
─────────
```
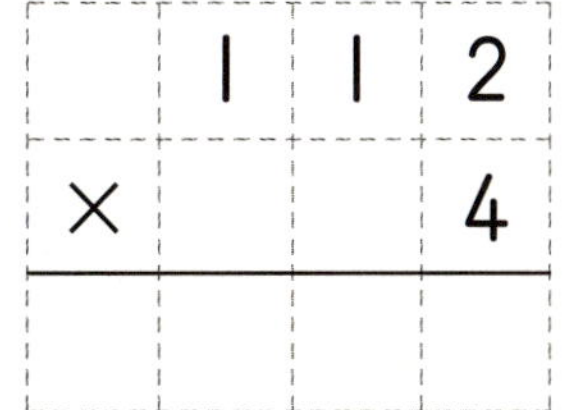

 곱셈을 하시오.

(1)

	3	1	8
×			2
	6	3	6

① 8×2=16
② 1×2=2
③ 3×2=6

(2)

	3	2	7
×			3

(3)

	9	4	1
×			2

① 1×2=2
② 4×2=8
③ 9×2=18

(4)

	7	1	2
×			4

(5)

	2	6	1
×			3

```
  261
×   3
    3
  180
  600
  783
```

(6)

	4	9	1
×			2

(7)

	3	4	6
×			2

```
  346
×   2
   12
   80
  600
  692
```

(8)

	1	1	7
×			5

 일의 자리, 십의 자리, 백의 자리의 차례로 올림에 주의하여 곱을 구합니다.

곱셈을 하시오.

(9)
```
    1 4 7
  ×     2
─────────
```

(10)
```
    3 2 4
  ×     3
─────────
```

(11)
```
    1 0 2
  ×     9
─────────
```

(12)
```
    3 0 4
  ×     3
─────────
```

(13)
```
    2 1 6
  ×     3
─────────
```

(14)
```
    2 1 8
  ×     4
─────────
```

(15)
```
    4 0 7
  ×     2
─────────
```

(16)
```
    2 4 9
  ×     2
─────────
```

(17)
```
    3 1 5
  ×     3
─────────
```

(18)
```
    1 1 4
  ×     4
─────────
```

3차시 (세 자리 수)×(한 자리 수)

 곱셈을 하시오.

(1)
$$\begin{array}{r} 5\ 2\ 4 \\ \times \quad\quad 3 \\ \hline \end{array}$$

일의 자리, 십의 자리, 백의 자리 순서로 계산합니다.
① 4×3=12에서 2는 일의 자리에 쓰고, 10은 올림하여 십의 자리에 작게 1이라고 씁니다.
② 2×3=6에 올림한 수 1을 더한 7을 십의 자리에 씁니다.
③ 5×3=15에서 1은 천의 자리에, 5는 백의 자리에 씁니다.

(2)
$$\begin{array}{r} 7\ 1\ 6 \\ \times \quad\quad 2 \\ \hline \end{array}$$

(3)
$$\begin{array}{r} 5\ 1\ 8 \\ \times \quad\quad 3 \\ \hline \end{array}$$

(4)
$$\begin{array}{r} 6\ 2\ 3 \\ \times \quad\quad 4 \\ \hline \end{array}$$

(5)
$$\begin{array}{r} 1\ 2\ 3 \\ \times \quad\quad 5 \\ \hline \end{array}$$

(6)
$$\begin{array}{r} 2\ 8\ 4 \\ \times \quad\quad 3 \\ \hline \end{array}$$

(7)
$$\begin{array}{r} 1\ 9\ 6 \\ \times \quad\quad 4 \\ \hline \end{array}$$

(8)
$$\begin{array}{r} 5\ 8\ 4 \\ \times \quad\quad 2 \\ \hline \end{array}$$

(9)
$$\begin{array}{r} 4\ 5\ 3 \\ \times \quad\quad 3 \\ \hline \end{array}$$

(10)
$$\begin{array}{r} 2\ 3\ 1 \\ \times \quad\quad 7 \\ \hline \end{array}$$

 올림이 2번 있는 곱셈입니다. 올림한 수를 빠뜨리지 않고 계산하도록 주의합니다.

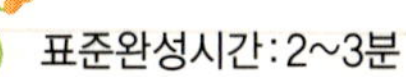

 곱셈을 하시오.

(11)
```
    6 2 4
  ×     3
```

(12)
```
    3 1 5
  ×     4
```

(13)
```
    9 2 7
  ×     2
```

(14)
```
    7 0 5
  ×     3
```

(15)
```
    6 0 2
  ×     9
```

(16)
```
    8 0 3
  ×     5
```

(17)
```
    5 1 6
  ×     3
```

(18)
```
    7 3 5
  ×     2
```

(19)
```
    9 1 2
  ×     8
```

(20)
```
    5 2 9
  ×     2
```

(21)
```
    6 1 7
  ×     5
```

(22)
```
    2 0 8
  ×     7
```

(23)
```
    3 0 5
  ×     9
```

(24)
```
    8 2 9
  ×     2
```

(25)
```
    6 2 4
  ×     4
```

4차시 (세 자리 수)×(한 자리 수) 1단계

 곱셈을 하시오.

(1)
$$\begin{array}{r} 2\ 8\ 9 \\ \times\ \ \ \ \ 2 \\ \hline \end{array}$$

(2)
$$\begin{array}{r} 2\ 5\ 8 \\ \times\ \ \ \ \ 3 \\ \hline \end{array}$$

(3)
$$\begin{array}{r} 1\ 4\ 6 \\ \times\ \ \ \ \ 6 \\ \hline \end{array}$$

(4)
$$\begin{array}{r} 1\ 2\ 7 \\ \times\ \ \ \ \ 6 \\ \hline \end{array}$$

(5)
$$\begin{array}{r} 1\ 7\ 6 \\ \times\ \ \ \ \ 4 \\ \hline \end{array}$$

(6)
$$\begin{array}{r} 1\ 9\ 2 \\ \times\ \ \ \ \ 5 \\ \hline \end{array}$$

(7)
$$\begin{array}{r} 4\ 8\ 6 \\ \times\ \ \ \ \ 2 \\ \hline \end{array}$$

(8)
$$\begin{array}{r} 1\ 8\ 5 \\ \times\ \ \ \ \ 4 \\ \hline \end{array}$$

(9)
$$\begin{array}{r} 3\ 7\ 9 \\ \times\ \ \ \ \ 2 \\ \hline \end{array}$$

(10)
$$\begin{array}{r} 1\ 9\ 5 \\ \times\ \ \ \ \ 5 \\ \hline \end{array}$$

(11)
$$\begin{array}{r} 1\ 2\ 8 \\ \times\ \ \ \ \ 6 \\ \hline \end{array}$$

(12)
$$\begin{array}{r} 1\ 8\ 4 \\ \times\ \ \ \ \ 3 \\ \hline \end{array}$$

(13)
$$\begin{array}{r} 2\ 4\ 5 \\ \times\ \ \ \ \ 4 \\ \hline \end{array}$$

(14)
$$\begin{array}{r} 2\ 7\ 7 \\ \times\ \ \ \ \ 3 \\ \hline \end{array}$$

(15)
$$\begin{array}{r} 1\ 2\ 4 \\ \times\ \ \ \ \ 8 \\ \hline \end{array}$$

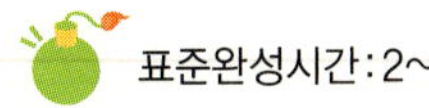

 곱셈을 하시오.

(16)	8 9 2 × 3	(17)	9 9 3 × 2	(18)	7 8 3 × 3
(19)	2 4 1 × 5	(20)	6 2 1 × 9	(21)	5 6 1 × 7
(22)	4 8 0 × 6	(23)	3 5 0 × 8	(24)	7 6 1 × 3
(25)	6 4 2 × 4	(26)	2 9 1 × 6	(27)	9 8 3 × 2
(28)	8 5 2 × 3	(29)	7 2 1 × 5	(30)	5 9 3 × 2

5차시 (세 자리 수)×(한 자리 수)

 곱셈을 하시오.

(1)

$$\begin{array}{r} 8\ 9\ 4 \\ \times \quad 3 \\ \hline \end{array}$$

일의 자리, 십의 자리, 백의 자리 순서로 계산합니다.
① 4×3=12에서 2는 일의 자리에 쓰고, 10은 올림하여 십의 자리에 작게 1이라고 씁니다.
② 9×3=27에 올림한 수 1을 더한 28에서 8은 십의 자리에 쓰고, 20은 올림하여 백의 자리에 작게 2라고 씁니다.
③ 8×3=24에 올림한 수 2를 더한 26에서 2는 천의 자리에, 6은 백의 자리에 씁니다.

(2)

$$\begin{array}{r} 9\ 9\ 6 \\ \times \quad 2 \\ \hline \end{array}$$

(3)

$$\begin{array}{r} 7\ 8\ 5 \\ \times \quad 3 \\ \hline \end{array}$$

(4)

$$\begin{array}{r} 8\ 9\ 3 \\ \times \quad 4 \\ \hline \end{array}$$

(5)

$$\begin{array}{r} 2\ 4\ 7 \\ \times \quad 5 \\ \hline \end{array}$$

(6)

$$\begin{array}{r} 6\ 2\ 3 \\ \times \quad 9 \\ \hline \end{array}$$

(7)

$$\begin{array}{r} 4\ 8\ 5 \\ \times \quad 6 \\ \hline \end{array}$$

(8)

$$\begin{array}{r} 3\ 5\ 2 \\ \times \quad 8 \\ \hline \end{array}$$

(9)

$$\begin{array}{r} 9\ 3\ 6 \\ \times \quad 3 \\ \hline \end{array}$$

(10)

$$\begin{array}{r} 5\ 9\ 6 \\ \times \quad 2 \\ \hline \end{array}$$

 올림이 3번 있는 곱셈입니다. 올림한 수를 빠뜨리지 않고 계산하도록 주의합니다.

 곱셈을 하시오.

1주

(11)
```
    4 9 6
×       3
```

(12)
```
    5 8 7
×       2
```

(13)
```
    3 8 5
×       4
```

(14)
```
    6 7 9
×       2
```

(15)
```
    2 9 5
×       5
```

(16)
```
    3 2 8
×       6
```

(17)
```
    7 8 4
×       3
```

(18)
```
    9 4 5
×       4
```

(19)
```
    3 7 7
×       3
```

(20)
```
    8 3 7
×       4
```

(21)
```
    7 5 9
×       5
```

(22)
```
    3 7 2
×       8
```

(23)
```
    6 8 7
×       2
```

(24)
```
    7 3 4
×       5
```

(25)
```
    3 9 5
×       6
```

 곱셈을 하시오.

(1)
$$\begin{array}{r} 5\ 6\ 3 \\ \times\quad 7 \\ \hline \end{array}$$

(2)
$$\begin{array}{r} 9\ 9\ 9 \\ \times\quad 9 \\ \hline \end{array}$$

(3)
$$\begin{array}{r} 3\ 4\ 6 \\ \times\quad 4 \\ \hline \end{array}$$

(4)
$$\begin{array}{r} 8\ 7\ 9 \\ \times\quad 7 \\ \hline \end{array}$$

(5)
$$\begin{array}{r} 3\ 6\ 7 \\ \times\quad 3 \\ \hline \end{array}$$

(6)
$$\begin{array}{r} 4\ 7\ 6 \\ \times\quad 7 \\ \hline \end{array}$$

(7)
$$\begin{array}{r} 6\ 6\ 9 \\ \times\quad 6 \\ \hline \end{array}$$

(8)
$$\begin{array}{r} 2\ 6\ 7 \\ \times\quad 8 \\ \hline \end{array}$$

(9)
$$\begin{array}{r} 2\ 7\ 5 \\ \times\quad 4 \\ \hline \end{array}$$

(10)
$$\begin{array}{r} 3\ 2\ 5 \\ \times\quad 8 \\ \hline \end{array}$$

(11)
$$\begin{array}{r} 5\ 7\ 8 \\ \times\quad 7 \\ \hline \end{array}$$

(12)
$$\begin{array}{r} 3\ 4\ 6 \\ \times\quad 3 \\ \hline \end{array}$$

(13)
$$\begin{array}{r} 4\ 2\ 3 \\ \times\quad 9 \\ \hline \end{array}$$

(14)
$$\begin{array}{r} 2\ 7\ 3 \\ \times\quad 5 \\ \hline \end{array}$$

(15)
$$\begin{array}{r} 9\ 2\ 9 \\ \times\quad 6 \\ \hline \end{array}$$

 곱셈을 하시오.

(16)
$$357 \times 5$$

(17)
$$623 \times 9$$

(18)
$$754 \times 4$$

(19)
$$834 \times 6$$

(20)
$$593 \times 4$$

(21)
$$327 \times 7$$

(22)
$$748 \times 3$$

(23)
$$625 \times 8$$

(24)
$$467 \times 8$$

(25)
$$496 \times 4$$

(26)
$$523 \times 6$$

(27)
$$845 \times 5$$

(28)
$$583 \times 7$$

(29)
$$479 \times 3$$

(30)
$$294 \times 9$$

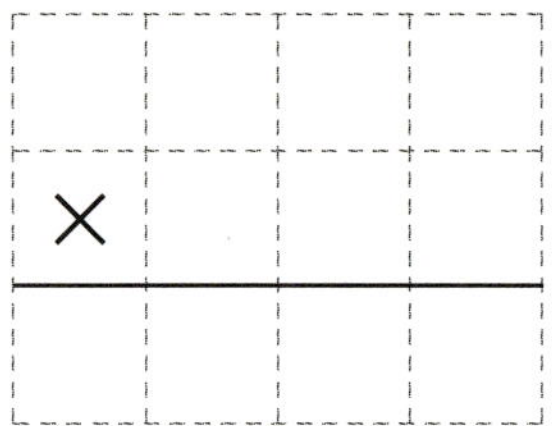 가로셈을 세로셈으로 고쳐 계산하시오.

(1) 143×2

	1	4	3
×			2

(2) 232×3

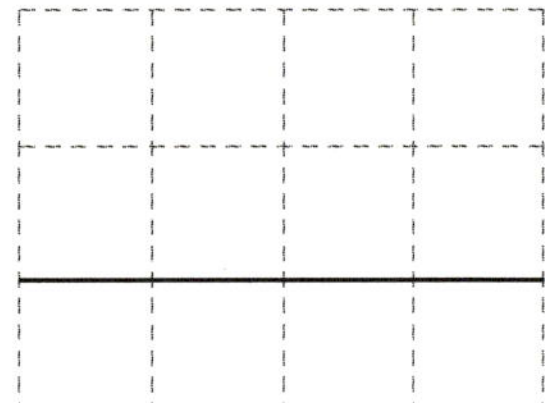

(3) 223×4

(4) 283×3

(5) 396×2

(6) 174×4

 가로셈을 세로셈으로 고쳐 계산할 때에는 자리를 맞추어 쓰고 일의 자리, 십의 자리, 백의 자리의 순서로 올림에 주의하여 계산합니다.

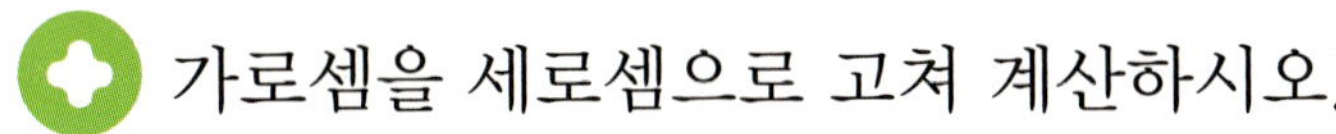

가로셈을 세로셈으로 고쳐 계산하시오.

1주

(7) 210×4

(8) 403×2

(9) 127×3

(10) 232×4

(11) 142×6

(12) 295×3

(13) 453×3

(14) 640×4

8차시 (세 자리 수)×(한 자리 수)

✿ 가로셈을 세로셈으로 고쳐 계산하시오.

(1) 213×3

(2) 122×4

(3) 204×4

(4) 216×4

(5) 258×2

(6) 197×5

(7) 228×4

(8) 199×4

가로셈을 세로셈으로 고쳐 계산하시오.

(9)　238×7

(10)　832×9

(11)　538×7

(12)　849×8

(13)　464×7

(14)　586×6

(15)　579×7

(16)　685×6

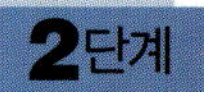

9차시 (세 자리 수)×(한 자리 수)

 빈칸에 알맞은 수를 써넣으시오.

×	123	214
3	369	
4		

×	234	151
2		
4		

×	231	356
2		
5		

×	174	328
5		
3		

 가로줄과 세로줄에 있는 두 수의 곱을 구하여 빈칸에 씁니다.
올림이 있는 곱셈은 세로 형식으로 계산하면 편리합니다.

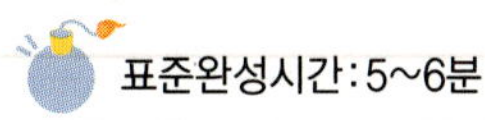

빈칸에 알맞은 수를 써넣으시오.

×	124	216
2		
6		
5		
4		
7		

×	181	492
3		
5		
4		
8		
9		

10 차시 · (세 자리 수)×(한 자리 수)

❋ 빈칸에 알맞은 수를 써넣으시오.

×	261	183
8		
3		

×	615	386
5		
4		

×	156	217
7		
2		
4		

×	742	539
3		
8		
6		

● 빈칸에 알맞은 수를 써넣으시오.

×	468	641	297	426
8				
2				

×	372	519	724	836
4				
3				

➕ □ 안에 알맞은 숫자를 써넣으시오.

(1)
$$\begin{array}{cccc} & 2 & 1 & \boxed{} \\ \times & & & 3 \\ \hline & 6 & 3 & 9 \end{array}$$

□×3=9
→ □ 안의 수는 3

(2)
$$\begin{array}{cccc} & 1 & 2 & \boxed{} \\ \times & & & 4 \\ \hline & 4 & 8 & 8 \end{array}$$

(3)
$$\begin{array}{cccc} & 2 & \boxed{} & 4 \\ \times & & & 4 \\ \hline & 8 & 1 & 6 \end{array}$$

① 일의 자리
  4×4=16
② 십의 자리
  □×4+1=○1
→ □ 안의 수는 0 또는 5
③ 백의 자리
  2×4=8
→ □ 안의 수는 0

(4)
$$\begin{array}{cccc} & 2 & \boxed{} & 6 \\ \times & & & 4 \\ \hline & 8 & 6 & 4 \end{array}$$

(5)
$$\begin{array}{cccc} \boxed{} & 5 & 8 \\ \times & & 2 \\ \hline 5 & 1 & 6 \end{array}$$

① 일의 자리
  8×2=16
② 십의 자리
  5×2+1=11
③ 백의 자리
  □×2+1=5
→ □ 안의 수는 2

(6)
$$\begin{array}{cccc} \boxed{} & 9 & 7 \\ \times & & 5 \\ \hline 9 & 8 & 5 \end{array}$$

(7)
$$\begin{array}{cccc} & 3 & 2 & 8 \\ \times & & & \boxed{} \\ \hline 1 & 3 & 1 & 2 \end{array}$$

① 일의 자리
  8×□=○2
→ □ 안의 수는 4 또는 9
② 십의 자리
  □ 안의 수가 4라면
  2×4+3=11(○)
  □ 안의 수가 9라면
  2×9+7=25(×)

(8)
$$\begin{array}{cccc} & 3 & 9 & 9 \\ \times & & & \boxed{} \\ \hline 1 & 5 & 9 & 6 \end{array}$$

 일의 자리의 □ 안에 알맞은 숫자부터 구해 봅니다. □ 안에 알맞은 숫자가 여러 개인 경우에는 각 경우에 대해 모두 생각해 봅니다.

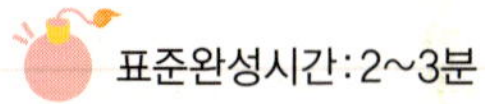

❀ □ 안에 알맞은 숫자를 써넣으시오.

1주

(9)

	3	5	1
×			□
	7	0	2

(10)

	9	1	3
×			□
2	7	3	9

(11)

	2	9	□
×			3
	8	7	6

(12)

	2	8	□
×			3
	8	5	8

(13)

	2	□	7
×			4
	9	4	8

(14)

	1	□	5
×			6
	8	1	0

(15)

	□	7	8
×			5
	8	9	0

(16)

	□	9	5
×			2
1	3	9	0

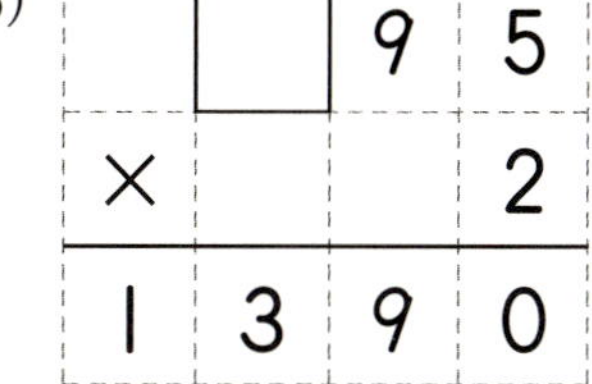

✚ □ 안에 알맞은 숫자를 써넣으시오.

(1)
```
    4 7 □
×     □
─────────
2 8 6 8
```

(2)
```
    5 4 □
×     □
─────────
1 6 3 8
```

(3)
```
  □ □ 8
×     7
─────────
3 7 6 6
```
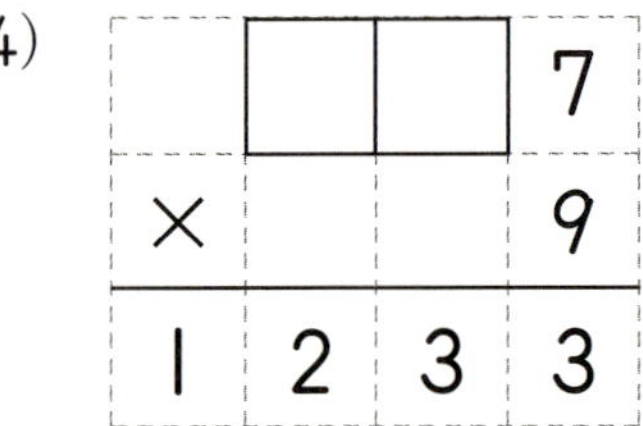

(4)
```
  □ □ 7
×     9
─────────
1 2 3 3
```

(5)
```
  □ 6 □
×     8
─────────
1 3 4 4
```

(6)
```
  □ 7 □
×     7
─────────
3 3 0 4
```

(7)
```
  3 □ □
×     6
─────────
2 3 7 6
```
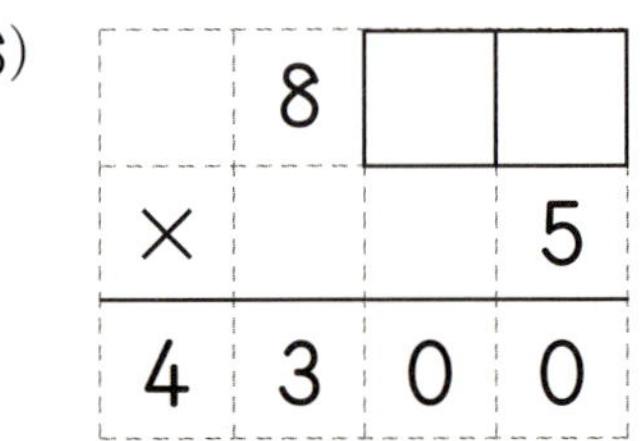

(8)
```
  8 □ □
×     5
─────────
4 3 0 0
```

다음과 같은 방법으로 계산하시오.

$$28 \times 27 = 28 \times 3 \times 9 = 84 \times 9 = 756$$

(9)　$37 \times 15 =$

(10)　$47 \times 28 =$

(11)　$53 \times 21 =$

(12)　$29 \times 35 =$

(13)　$76 \times 21 =$

(14)　$41 \times 18 =$

(15)　$33 \times 16 =$

(16)　$77 \times 24 =$

(17)　$13 \times 36 =$

(18)　$44 \times 32 =$

 **2주** # (한 자리 수)×(두 자리 수)

학습 체크표 매일 학습이 끝나면 채점을 하고 체크표를 작성하여 나의 실력을 알아보세요.

차시	단계	공부한 날	잘 했나요?
13차시		월 일	☺ ☺ ☹ ☹
14차시		월 일	☺ ☺ ☹ ☹
15차시		월 일	☺ ☺ ☹ ☹
16차시		월 일	☺ ☺ ☹ ☹
17차시	1단계	월 일	☺ ☺ ☹ ☹
18차시		월 일	☺ ☺ ☹ ☹
19차시		월 일	☺ ☺ ☹ ☹
20차시		월 일	☺ ☺ ☹ ☹
21차시	2단계	월 일	☺ ☺ ☹ ☹
22차시		월 일	☺ ☺ ☹ ☹
23차시	3단계	월 일	☺ ☺ ☹ ☹
24차시		월 일	☺ ☺ ☹ ☹

틀린 개수가

0~1 개이면 ☺ (아주 잘함)에, 2~3 개이면 ☺ (잘함)에,

4~5 개이면 ☹ (보통)에, 6 개 이상이면 ☹ (노력 바람)에 색칠해 주세요.

학습목표 (한 자리 수)×(두 자리 수)의 곱셈을 여러 가지 방법으로 숙달하고, 두 자리 수의 곱셈의 기초를 다집니다.

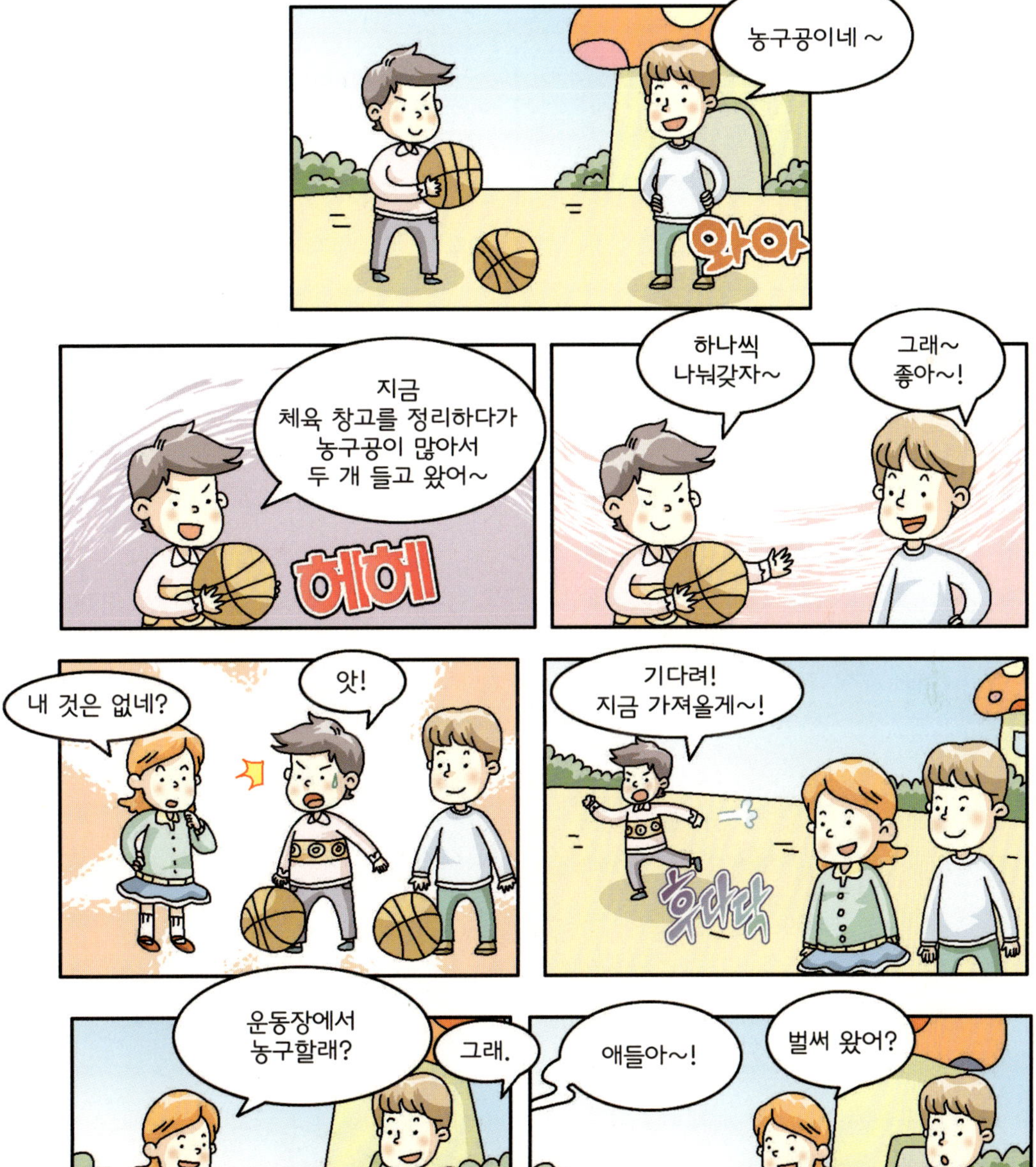

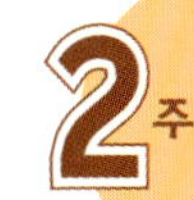

창고에서 커다란 모눈종이를 발견했어.
곱셈 공부하기 딱~ 좋은데!
와아

모눈종이로 어떻게?
모눈종이로 수학 시간에 배운 곱셈을 할 수 있겠어.

모눈 4칸씩 4줄은
4×4＝16(칸)이야~

4
× 2 4
(일의 자리끼리의 곱) ── 1 6 ←(4×4)
(일의 자리)×(십의 자리) ── 8 0 ←(4×20)
9 6

모눈 4칸씩 20줄은
4×20＝80(칸)
이야~

따라서,
4×24＝96
인거지!

와~
모눈종이로 곱셈을 공부할 수 있구나~!

2주

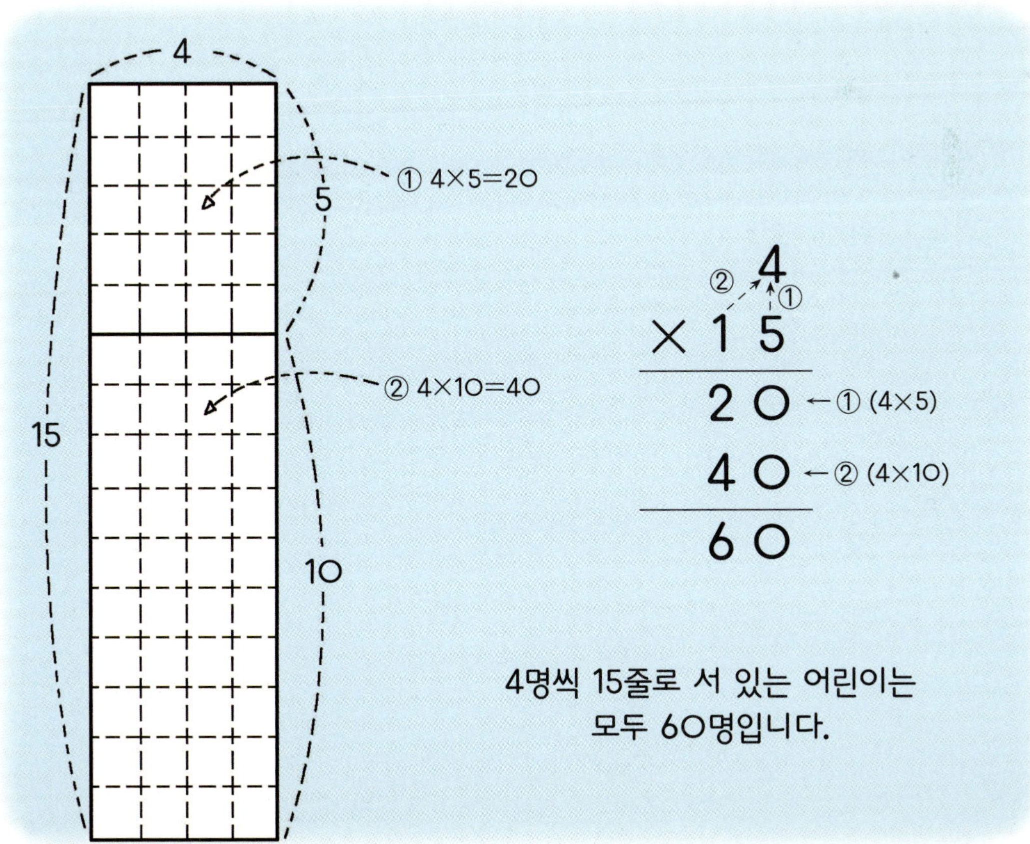

4명씩 15줄로 서 있는 어린이는
모두 60명입니다.

13 차시 (한 자리 수)×(두 자리 수) 1 단계

➕ 곱셈을 하시오.

(1) 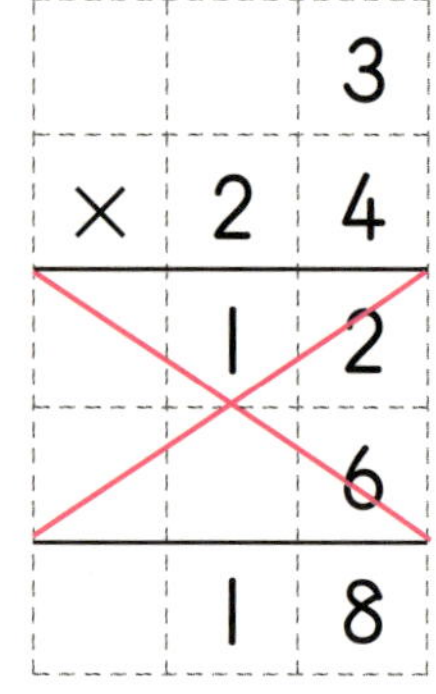

십의 자리 곱셈 3×2=6에서 6은 십의 자리에 맞추어 써야 하는데 일의 자리에 맞추어 써서 틀렸습니다.

(2) 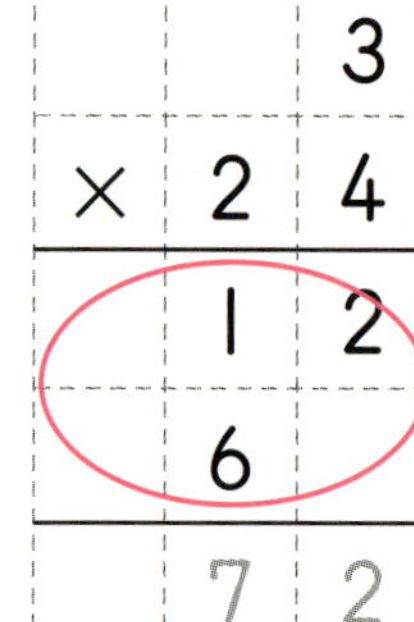

(3) 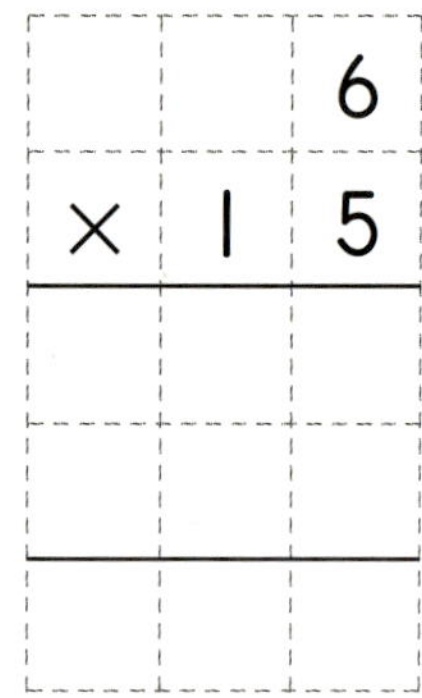

(4) 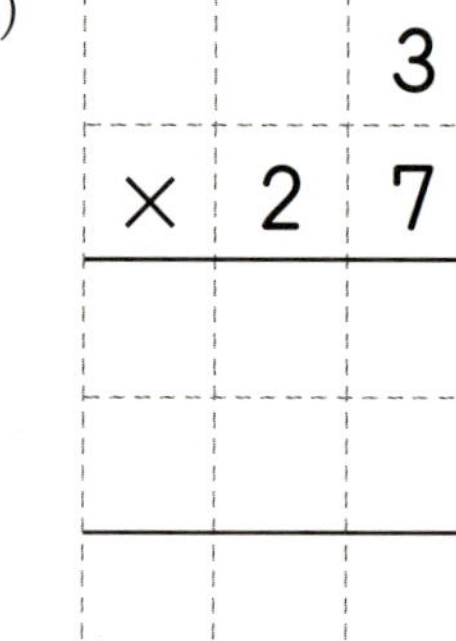

(5) 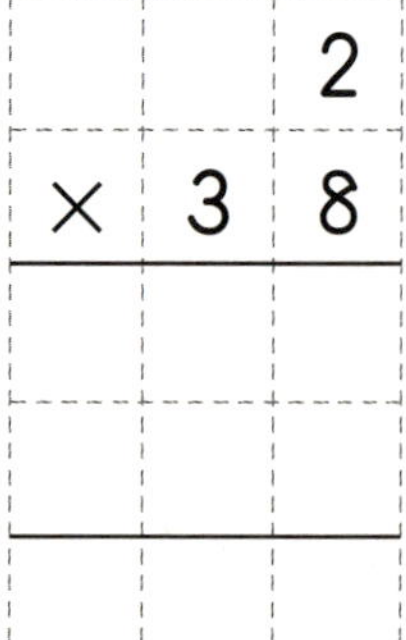

(6)

 세로셈으로 계산할 때에는 곱을 쓰는 위치에 주의해야 합니다.

 곱셈을 하시오.

(7)

$$\begin{array}{r} 3 \\ \times\ 2\ 6 \\ \hline \end{array}$$

(8)

$$\begin{array}{r} 2 \\ \times\ 4\ 9 \\ \hline \end{array}$$

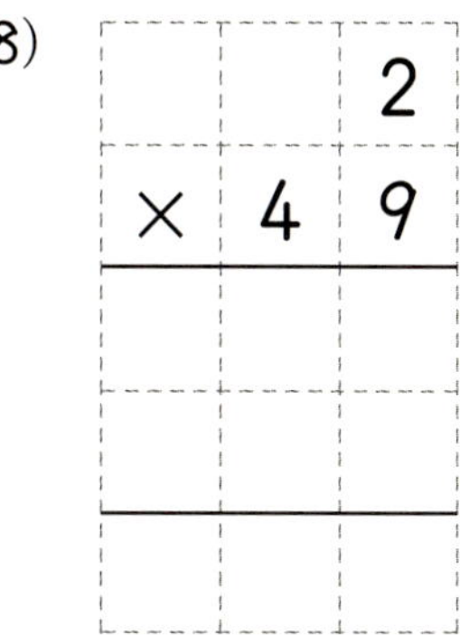

(9)

$$\begin{array}{r} 6 \\ \times\ 1\ 4 \\ \hline \end{array}$$

(10)

$$\begin{array}{r} 8 \\ \times\ 1\ 2 \\ \hline \end{array}$$

(11)

$$\begin{array}{r} 3 \\ \times\ 2\ 9 \\ \hline \end{array}$$

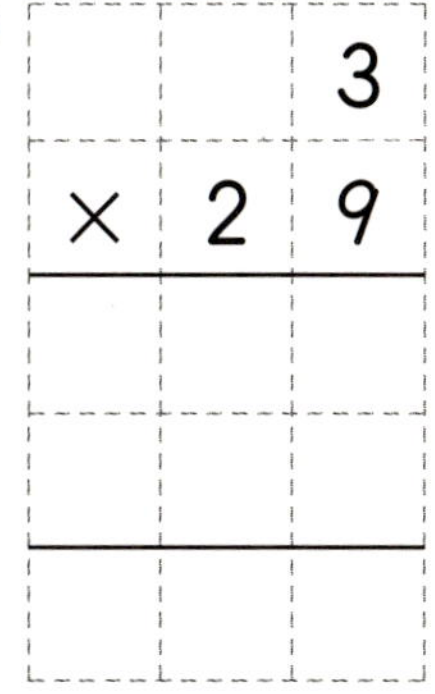

(12)

$$\begin{array}{r} 4 \\ \times\ 1\ 8 \\ \hline \end{array}$$

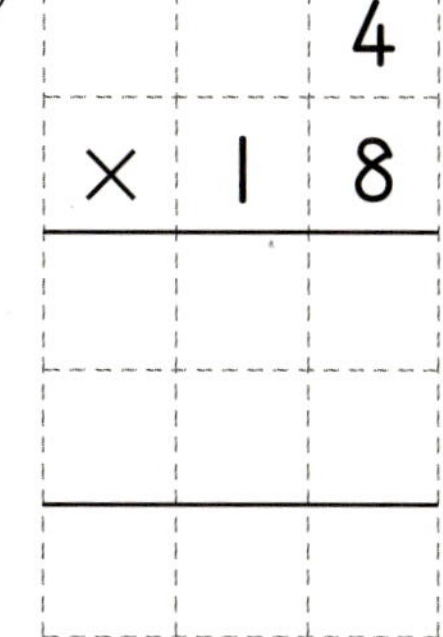

14 차시 (한 자리 수)×(두 자리 수)

 곱셈을 하시오.

(1)
$$\begin{array}{r} 3 \\ \times\ 2\ 5 \\ \hline \end{array}$$

(2)
$$\begin{array}{r} 2 \\ \times\ 4\ 8 \\ \hline \end{array}$$

(3)
$$\begin{array}{r} 2 \\ \times\ 4\ 7 \\ \hline \end{array}$$

(4)
$$\begin{array}{r} 4 \\ \times\ 2\ 3 \\ \hline \end{array}$$

(5)
$$\begin{array}{r} 2 \\ \times\ 2\ 9 \\ \hline \end{array}$$

(6)
$$\begin{array}{r} 2 \\ \times\ 3\ 6 \\ \hline \end{array}$$

✿ 곱셈을 하시오.

(7)

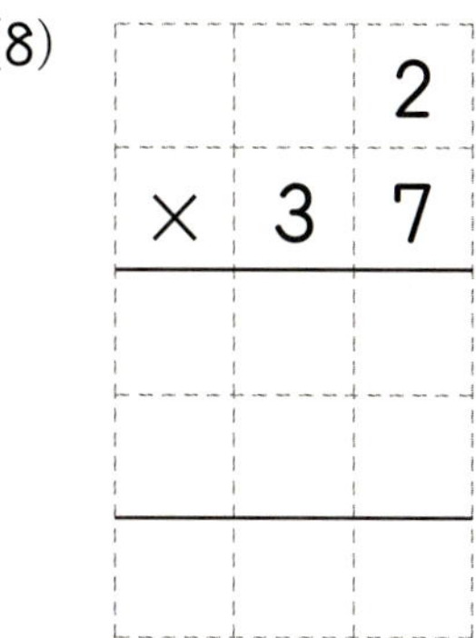

$$\begin{array}{r} 4 \\ \times\ 24 \\ \hline \end{array}$$

(8)

$$\begin{array}{r} 2 \\ \times\ 37 \\ \hline \end{array}$$

(9)

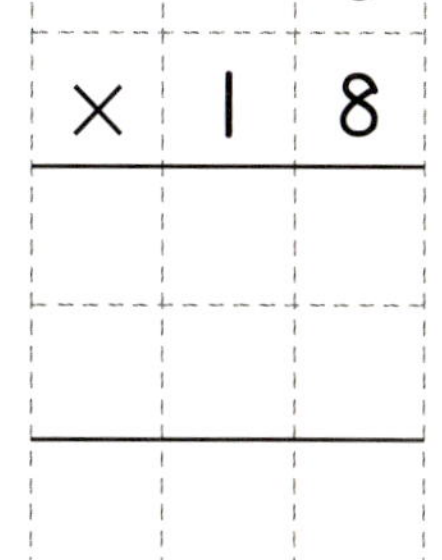

$$\begin{array}{r} 6 \\ \times\ 12 \\ \hline \end{array}$$

(10)

$$\begin{array}{r} 5 \\ \times\ 18 \\ \hline \end{array}$$

(11)

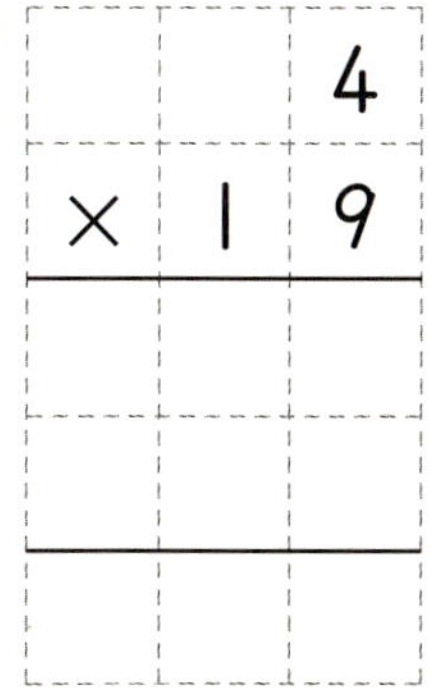

$$\begin{array}{r} 4 \\ \times\ 19 \\ \hline \end{array}$$

(12)

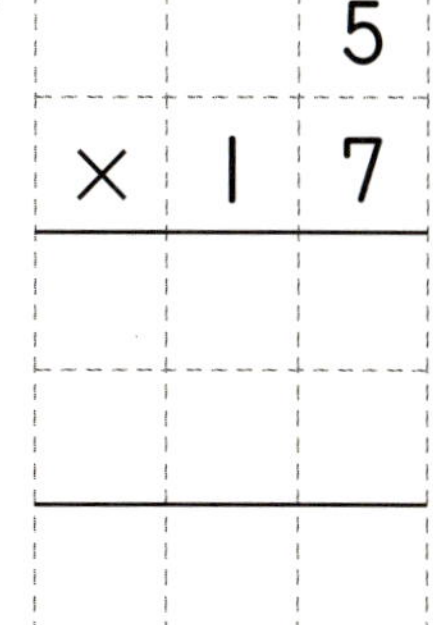

$$\begin{array}{r} 5 \\ \times\ 17 \\ \hline \end{array}$$

 곱셈을 하시오.

(1)
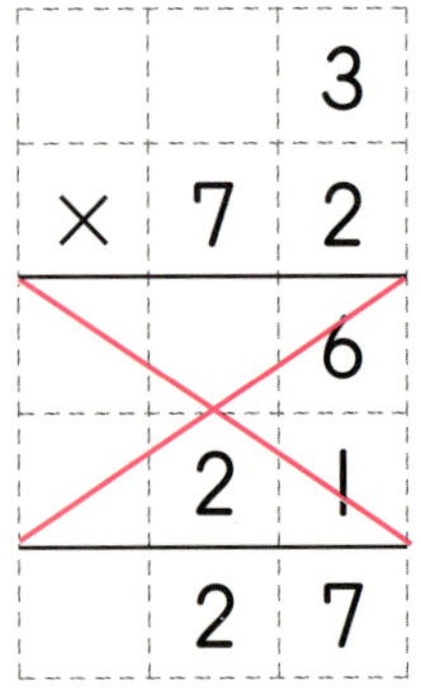

십의 자리 곱셈
3×7=21에서 1은
십의 자리에
맞추어 써야 하는데
일의 자리에 맞추어
써서 틀렸습니다.

(2)
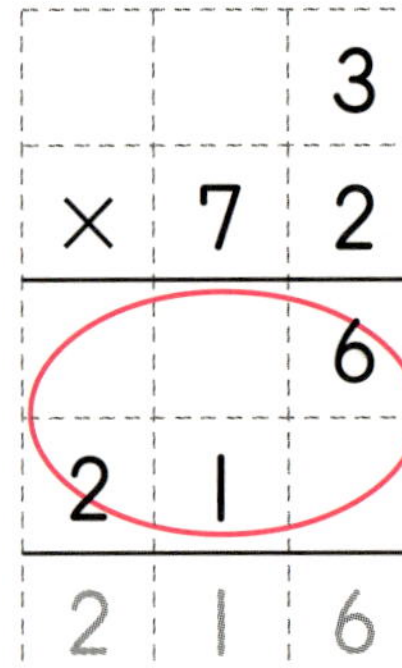

(3)
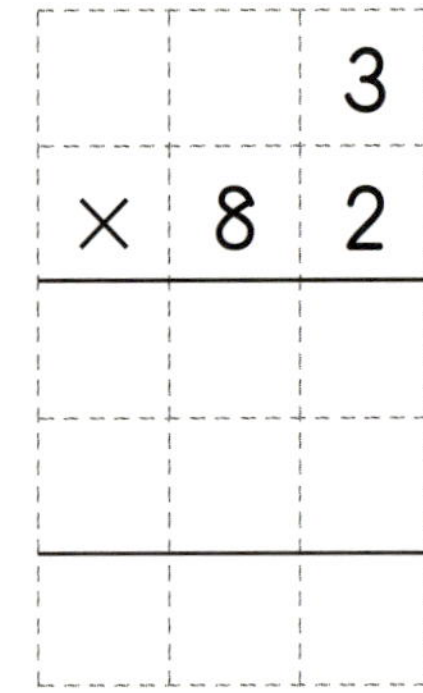

(4)
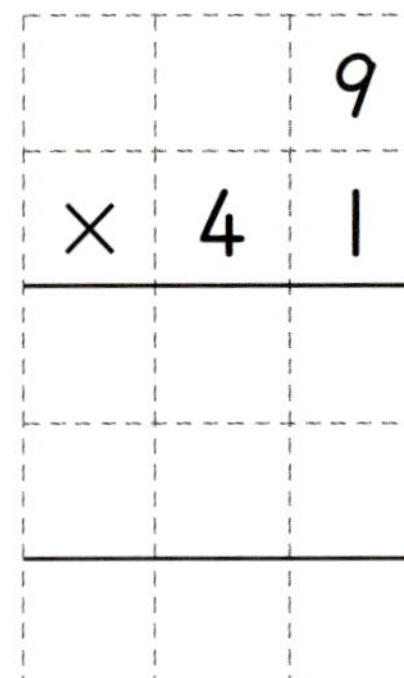

(5)
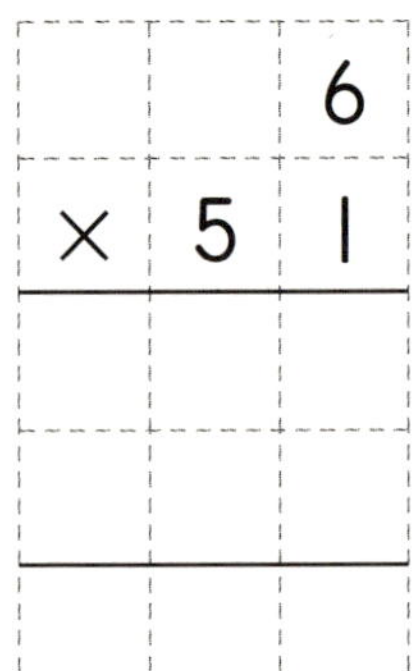

(6)
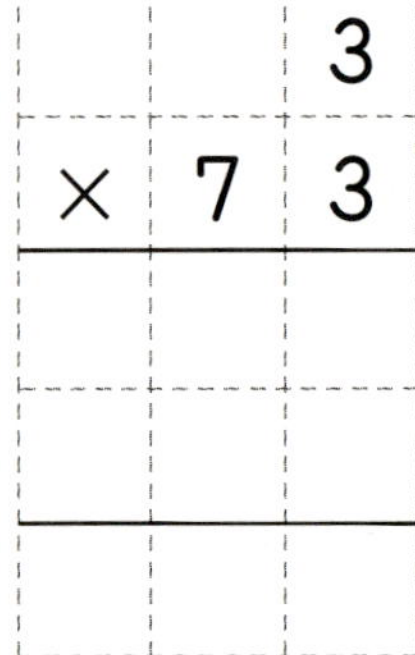

 세로셈으로 계산할 때에는 곱을 쓰는 위치에 주의해야 합니다.

곱셈을 하시오.

(7)
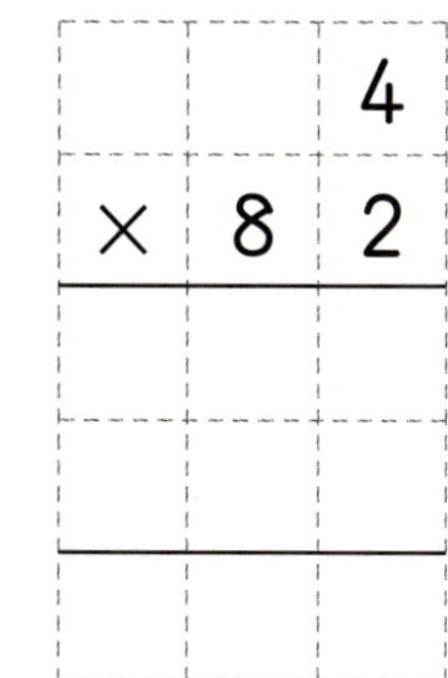

$$\begin{array}{r} 2 \\ \times\ 8\ 3 \\ \hline \end{array}$$

(8)

$$\begin{array}{r} 4 \\ \times\ 8\ 2 \\ \hline \end{array}$$

(9)
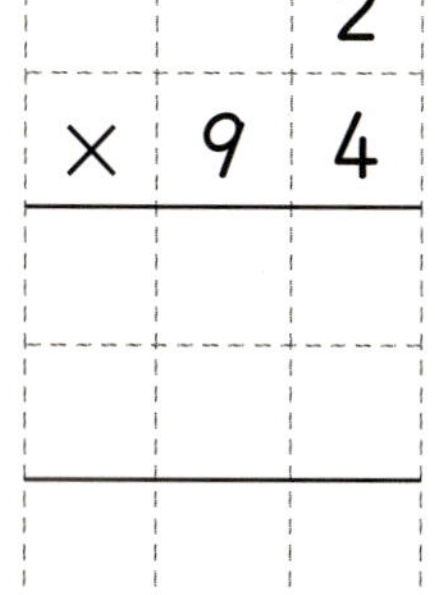

$$\begin{array}{r} 3 \\ \times\ 6\ 2 \\ \hline \end{array}$$

(10)

$$\begin{array}{r} 2 \\ \times\ 9\ 4 \\ \hline \end{array}$$

(11)
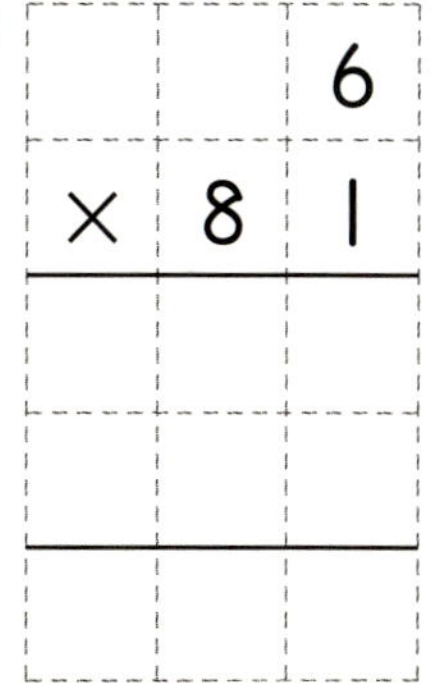

$$\begin{array}{r} 6 \\ \times\ 8\ 1 \\ \hline \end{array}$$

(12)
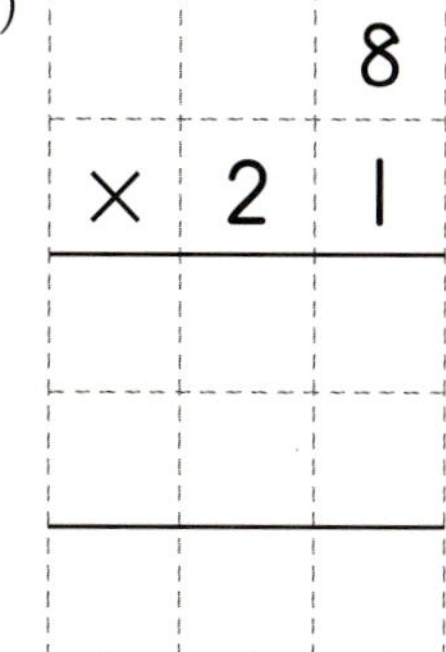

$$\begin{array}{r} 8 \\ \times\ 2\ 1 \\ \hline \end{array}$$

 **16**차시 **(한 자리 수)×(두 자리 수)**

 곱셈을 하시오.

(1)
$$\begin{array}{r} 6 \\ \times\ 93 \\ \hline 18 \\ 54 \\ \hline \end{array}$$

(2)
$$\begin{array}{r} 5 \\ \times\ 83 \\ \hline \end{array}$$

(3)
$$\begin{array}{r} 7 \\ \times\ 52 \\ \hline \end{array}$$

(4)
$$\begin{array}{r} 4 \\ \times\ 84 \\ \hline \end{array}$$

(5)
$$\begin{array}{r} 3 \\ \times\ 74 \\ \hline \end{array}$$

(6)
$$\begin{array}{r} 8 \\ \times\ 32 \\ \hline \end{array}$$

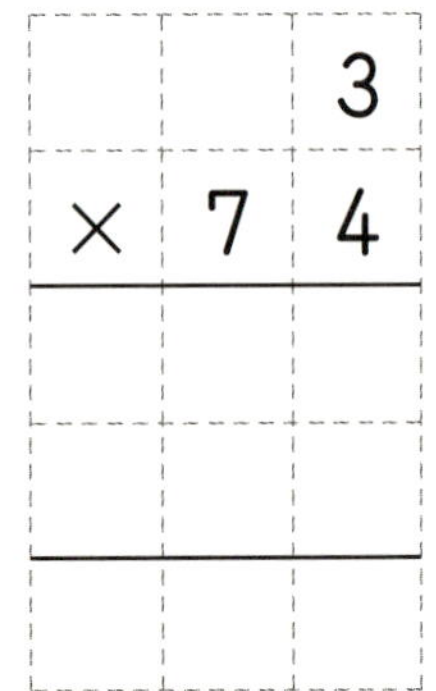

곱셈을 하시오.

(7)

$$\begin{array}{r} 7 \\ \times\ 6\ 3 \\ \hline \end{array}$$

(8)

$$\begin{array}{r} 6 \\ \times\ 6\ 4 \\ \hline \end{array}$$

(9)

$$\begin{array}{r} 4 \\ \times\ 4\ 3 \\ \hline \end{array}$$

(10)

$$\begin{array}{r} 9 \\ \times\ 7\ 2 \\ \hline \end{array}$$

(11)

$$\begin{array}{r} 8 \\ \times\ 3\ 5 \\ \hline \end{array}$$

(12)

$$\begin{array}{r} 9 \\ \times\ 8\ 7 \\ \hline \end{array}$$

➕ 곱셈을 하시오.

(1)

$$\begin{array}{r} 4 \\ \times\ 2\ 3 \\ \hline 1\ 2 \\ 8\ \ \\ \hline 9\ 2 \end{array}$$

① 세로셈으로 나타낼 때, 일의 자리 숫자를 기준으로 자리를 맞춥니다.
② 일의 자리 수의 곱은 일의 자리부터 왼쪽으로 곱을 씁니다.
③ 십의 자리 수의 곱은 십의 자리부터 왼쪽으로 곱을 씁니다.

(2)

$$\begin{array}{r} 3 \\ \times\ 2\ 9 \\ \hline \end{array}$$

(3)

$$\begin{array}{r} 3 \\ \times\ 2\ 6 \\ \hline \end{array}$$

(4)

$$\begin{array}{r} 2 \\ \times\ 3\ 8 \\ \hline \end{array}$$

(5)

$$\begin{array}{r} 2 \\ \times\ 4\ 9 \\ \hline \end{array}$$

(6)

$$\begin{array}{r} 7 \\ \times\ 1\ 4 \\ \hline \end{array}$$

(7)

$$\begin{array}{r} 3 \\ \times\ 2\ 7 \\ \hline \end{array}$$

꼭꼭 일의 자리의 곱은 일의 자리부터 왼쪽으로 쓰고, 십의 자리의 곱은 십의 자리부터 왼쪽으로 씁니다.

곱셈을 하시오.

(8)
$$4 \times 24$$

(9)
$$7 \times 12$$

(10)
$$3 \times 14$$

(11)
$$2 \times 37$$

(12)
$$3 \times 16$$

(13)
$$6 \times 13$$

(14)
$$8 \times 12$$

(15)
$$2 \times 39$$

(16)
$$4 \times 16$$

(17)
$$3 \times 19$$

(18)
$$2 \times 28$$

(19)
$$2 \times 49$$

18 차시 (한 자리 수)×(두 자리 수)

○ 곱셈을 하시오.

(1)

```
      4
×   5 2
      8
  2 0
  2 0 8
```

① 세로셈으로 나타낼 때, 일의 자리 숫자를 기준으로 자리를 맞춥니다.
② 일의 자리 수의 곱은 일의 자리부터 왼쪽으로 곱을 씁니다.
③ 십의 자리 수의 곱은 십의 자리부터 왼쪽으로 곱을 씁니다.

(2)

```
      3
×   4 1
```

(3)

```
      2
×   7 4
```

(4)

```
      3
×   9 2
```

(5)

```
      9
×   8 6
```

(6)

```
      6
×   6 5
```

(7)

```
      7
×   4 7
```

(8)

```
      6
×   2 8
```

(9)

```
      5
×   4 7
```

(10)

```
      8
×   3 6
```

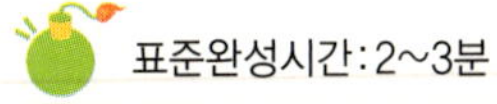

 곱셈을 하시오.

F5

(11)
$$\begin{array}{r} 2 \\ \times\ 9\ 4 \\ \hline \end{array}$$

(12)
$$\begin{array}{r} 3 \\ \times\ 4\ 3 \\ \hline \end{array}$$

(13)
$$\begin{array}{r} 6 \\ \times\ 5\ 2 \\ \hline \end{array}$$

(14)
$$\begin{array}{r} 2 \\ \times\ 8\ 5 \\ \hline \end{array}$$

(15)
$$\begin{array}{r} 3 \\ \times\ 7\ 3 \\ \hline \end{array}$$

(16)
$$\begin{array}{r} 4 \\ \times\ 4\ 6 \\ \hline \end{array}$$

(17)
$$\begin{array}{r} 7 \\ \times\ 2\ 4 \\ \hline \end{array}$$

(18)
$$\begin{array}{r} 3 \\ \times\ 6\ 1 \\ \hline \end{array}$$

(19)
$$\begin{array}{r} 8 \\ \times\ 5\ 3 \\ \hline \end{array}$$

(20)
$$\begin{array}{r} 6 \\ \times\ 7\ 4 \\ \hline \end{array}$$

(21)
$$\begin{array}{r} 4 \\ \times\ 6\ 4 \\ \hline \end{array}$$

(22)
$$\begin{array}{r} 8 \\ \times\ 3\ 4 \\ \hline \end{array}$$

19차시 (한 자리 수)×(두 자리 수)

1단계

 곱셈을 하시오.

일의 자리를 먼저 계산한 다음, 십의 자리를 계산합니다.

① $2×9=18$에서 8은 일의 자리에 쓰고, 10은 올림하여 십의 자리 위에 작게 1이라고 씁니다.

② $2×1=2$를 십의 자리에 쓸 때, 일의 자리의 곱에서 올림한 수 1을 더하여 십의 자리에 3이라고 씁니다.

(1) 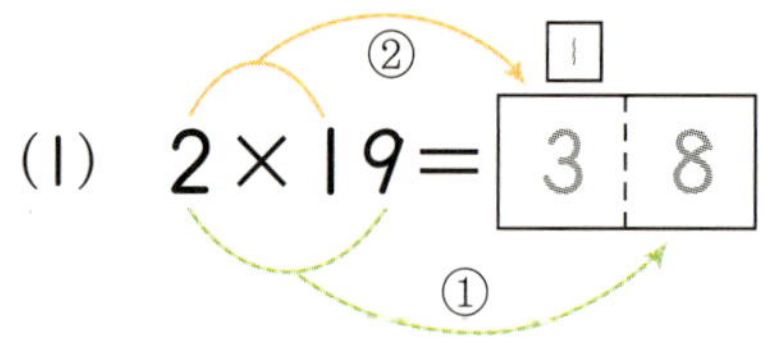

$2 × 19 = 38$

(2) 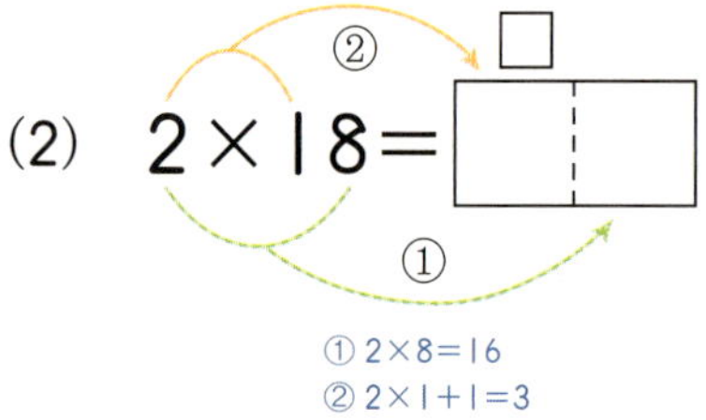

$2 × 18 =$

① $2×8=16$
② $2×1+1=3$

(3) 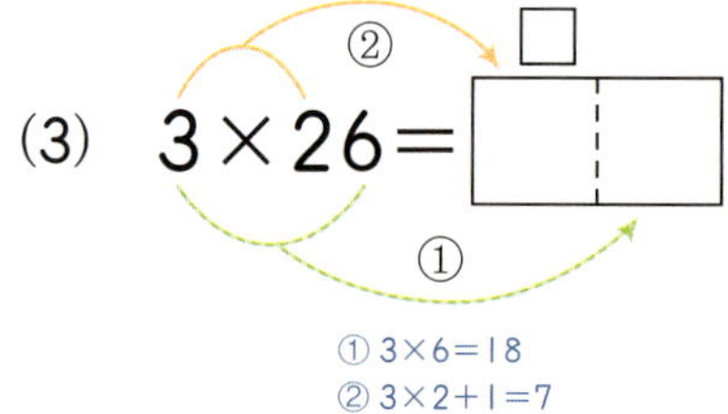

$3 × 26 =$

① $3×6=18$
② $3×2+1=7$

(4) 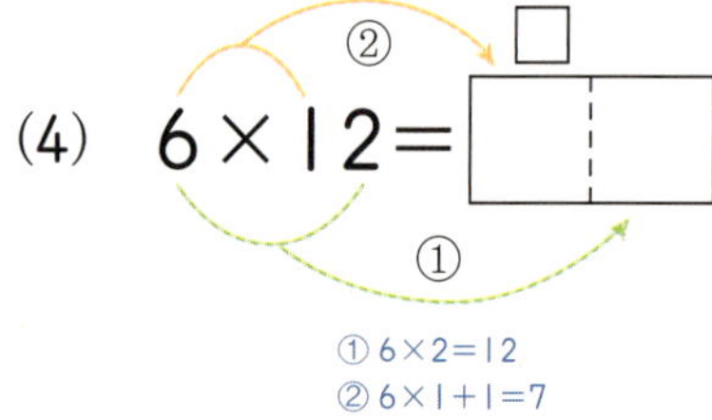

$6 × 12 =$

① $6×2=12$
② $6×1+1=7$

(5) 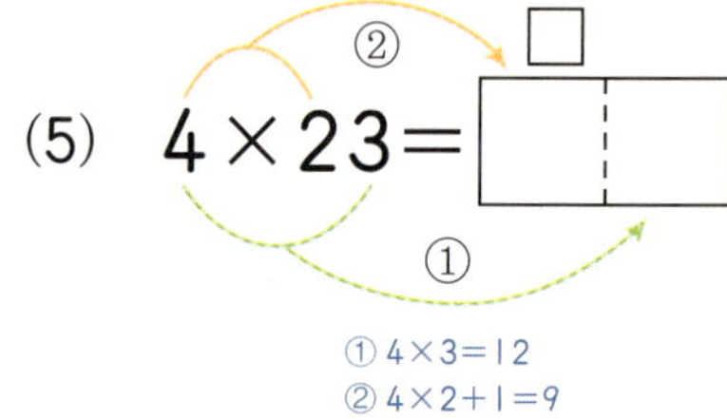

$4 × 23 =$

① $4×3=12$
② $4×2+1=9$

(6) 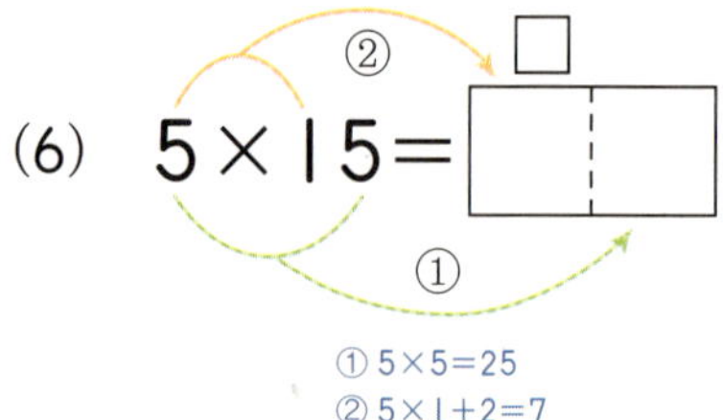

$5 × 15 =$

① $5×5=25$
② $5×1+2=7$

(7) 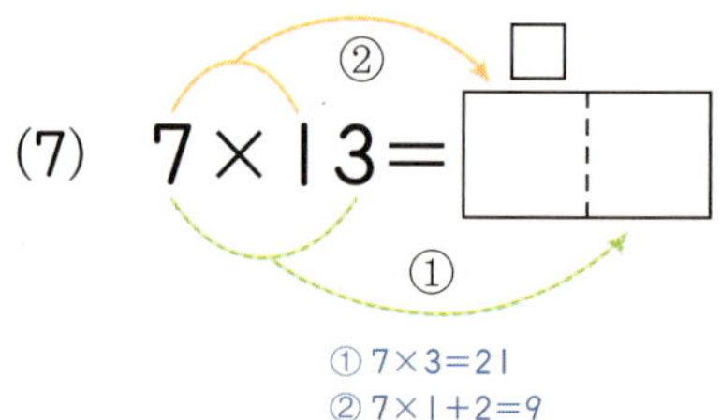

$7 × 13 =$

① $7×3=21$
② $7×1+2=9$

 가로셈을 세로셈으로 고쳐 계산하지 말고 가로셈 그대로 일의 자리, 십의 자리 순서로 계산합니다.

 곱셈을 하시오.

(8) $5 \times 18 =$　　　　　(9) $2 \times 37 =$

(10) $3 \times 14 =$　　　　　(11) $3 \times 19 =$

(12) $2 \times 38 =$　　　　　(13) $2 \times 26 =$

(14) $2 \times 49 =$　　　　　(15) $7 \times 14 =$

(16) $6 \times 15 =$　　　　　(17) $3 \times 27 =$

(18) $2 \times 48 =$　　　　　(19) $3 \times 18 =$

(20) $4 \times 24 =$　　　　　(21) $7 \times 12 =$

(22) $8 \times 12 =$　　　　　(23) $3 \times 16 =$

(24) $3 \times 29 =$　　　　　(25) $6 \times 13 =$

곱셈을 하시오.

일의 자리를 먼저 계산한 다음, 십의 자리를 계산합니다.

① 2×7=14에서 4는 일의 자리에 쓰고, 10은 올림하여 십의 자리 위에 작게 1이라고 씁니다.

② 2×9=18에 올림한 수 1을 더한 19에서 1은 백의 자리에, 9는 십의 자리에 씁니다.

(1) 2×97= 1 9 4

(2) 8×42=

(3) 4×93=

(4) 4×54=

(5) 3×79=

(6) 6×67=

(7) 4×35=

(8) 2×78=

(9) 7×49=

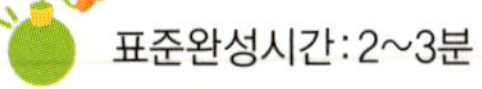

○ 곱셈을 하시오.

(10) $6 \times 45 =$　　　　　　(11) $4 \times 78 =$

(12) $5 \times 62 =$　　　　　　(13) $7 \times 85 =$

(14) $3 \times 76 =$　　　　　　(15) $5 \times 97 =$

(16) $6 \times 44 =$　　　　　　(17) $8 \times 25 =$

(18) $3 \times 39 =$　　　　　　(19) $5 \times 88 =$

(20) $8 \times 84 =$　　　　　　(21) $9 \times 87 =$

(22) $2 \times 98 =$　　　　　　(23) $4 \times 39 =$

(24) $3 \times 74 =$　　　　　　(25) $5 \times 67 =$

(26) $4 \times 63 =$　　　　　　(27) $6 \times 75 =$

✚ 빈칸에 알맞은 수를 써넣으시오.

×	3	4
23	69	
14		

×	5	6
35		
27		

×	2	7
24		
51		

×	8	9
43		
62		

가로줄과 세로줄에 있는 두 수의 곱을 구하여 빈칸에 씁니다.
올림이 있는 곱셈은 세로 형식으로 계산하면 편리합니다.

빈칸에 알맞은 수를 써넣으시오.

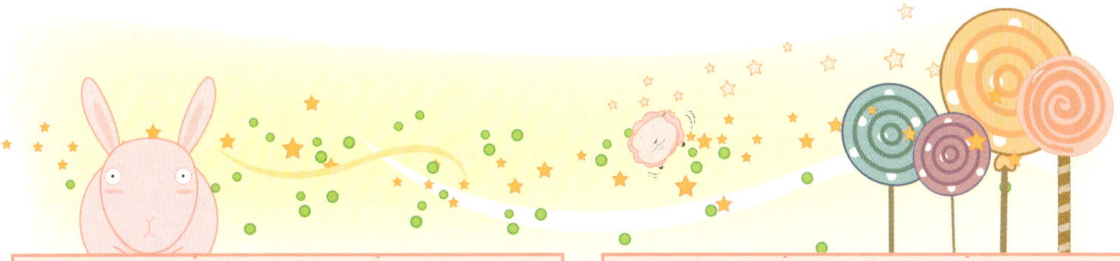

×	2	6
22		
35		
18		
49		
53		

×	4	8
18		
46		
25		
53		
61		

2주

22 차시 (한 자리 수)×(두 자리 수)

✿ 빈칸에 알맞은 수를 써넣으시오.

×	8	3
25		
19		

×	6	5
41		
27		

×	7	4
61		
15		
36		

×	2	9
54		
48		
27		

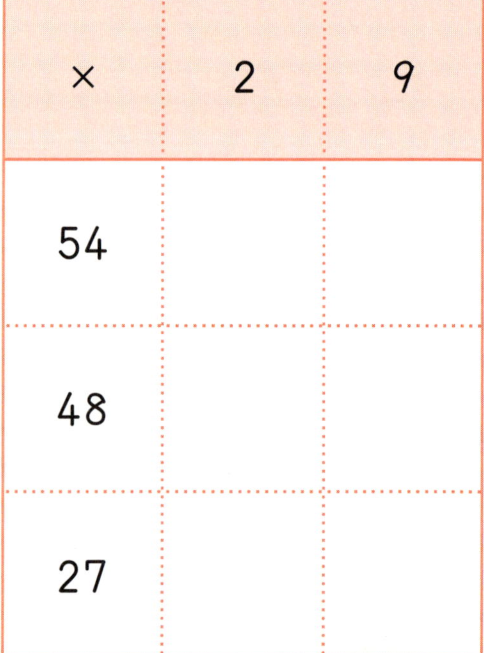

빈칸에 알맞은 수를 써넣으시오.

2주

×	6	3	8	9
46				
68				

×	2	4	5	7
97				
74				

23 차시 (한 자리 수)×(두 자리 수)

✿ □ 안에 알맞은 숫자를 써넣으시오.

(1)
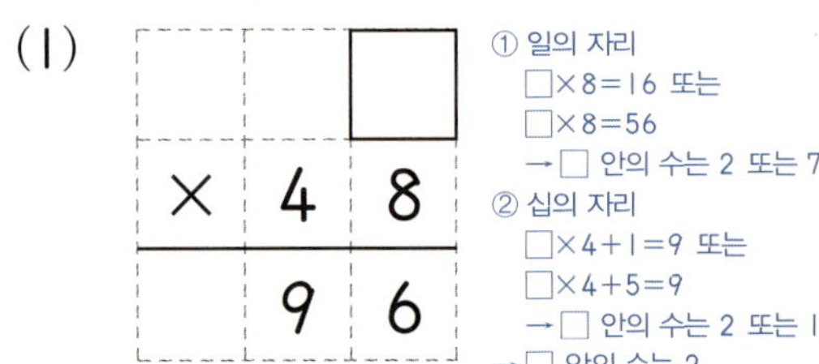

① 일의 자리
　□×8=16 또는
　□×8=56
　→ □ 안의 수는 2 또는 7
② 십의 자리
　□×4+1=9 또는
　□×4+5=9
　→ □ 안의 수는 2 또는 1
→ □ 안의 수는 2

(2)
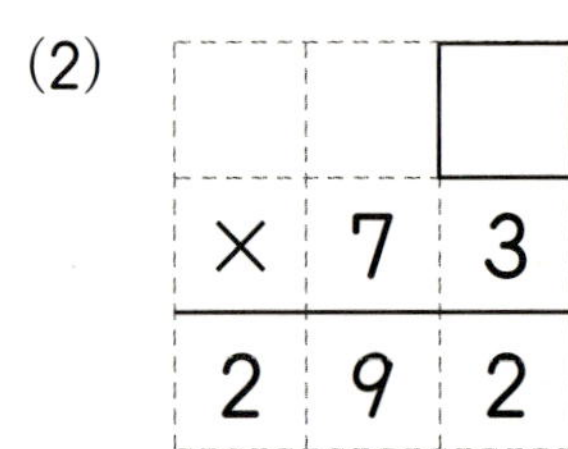

(3)
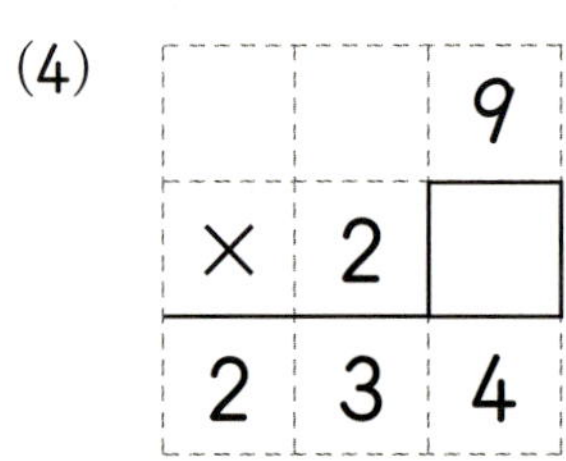

① 일의 자리
　5×□=○0
② 십의 자리
　5×1+○=7
　→ ○ 안의 수는 2
→ □ 안의 수는 4

(4)

(5)
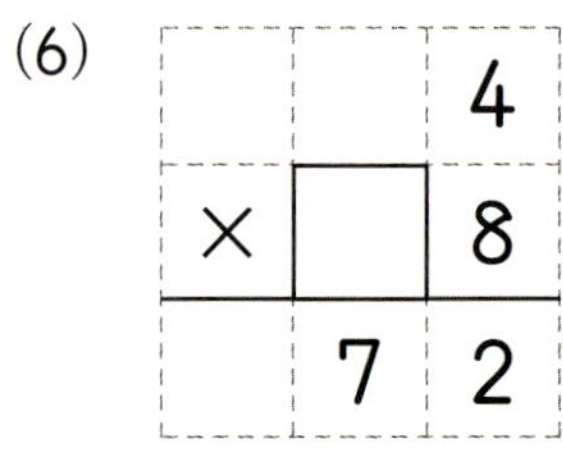

(6)

(7)
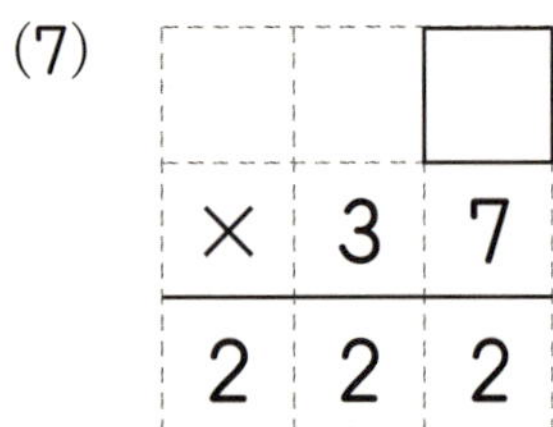

(8)
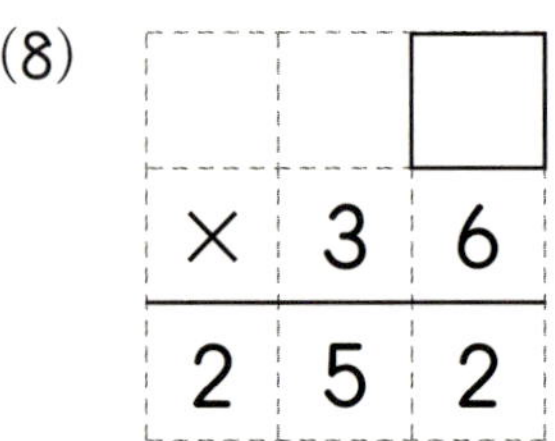

일의 자리의 □ 안에 알맞은 숫자부터 구해 봅니다. □ 안에 알맞은 숫자가 여러 개인 경우에는 각 경우에 대해 모두 생각해 봅니다.

✿ □ 안에 알맞은 숫자를 써넣으시오.

(9)

		□
×	1	4
	9	8

(10)

		□
×	3	9
1	9	5

(11)

		□
×	6	1
1	2	2

(12)

		□
×	5	7
2	2	8

(13)

		7
×	□	3
3	0	1

(14)

		9
×	□	6
2	3	4

(15)

		6
×	2	□
1	4	4

(16)

		3
×	8	□
2	6	7

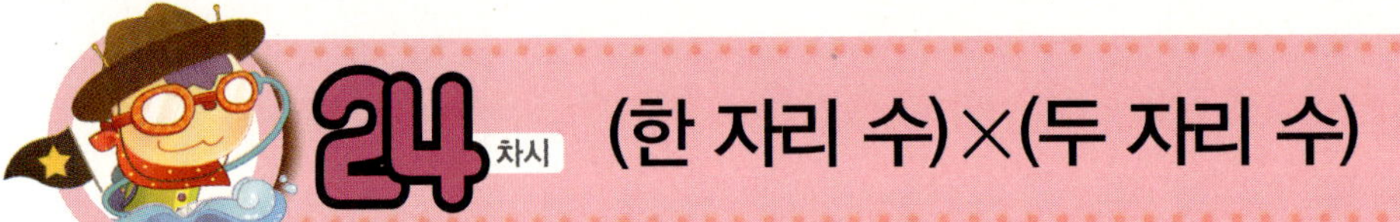

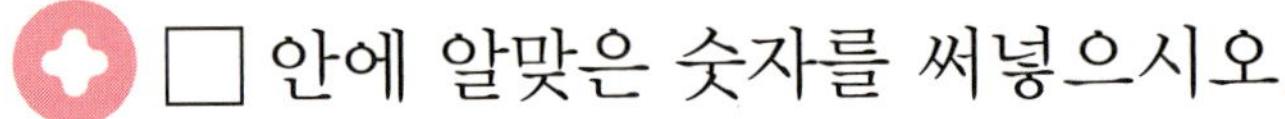

□ 안에 알맞은 숫자를 써넣으시오.

(1)
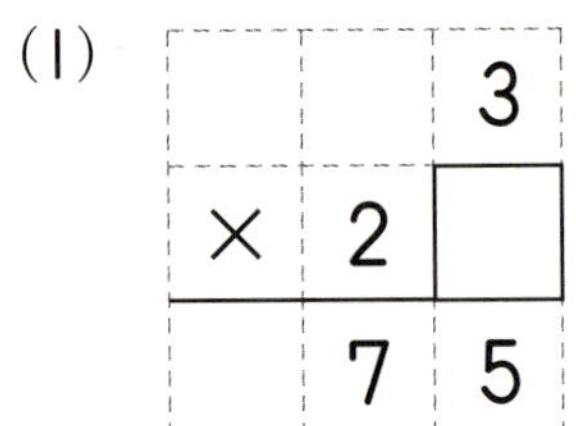

(2)
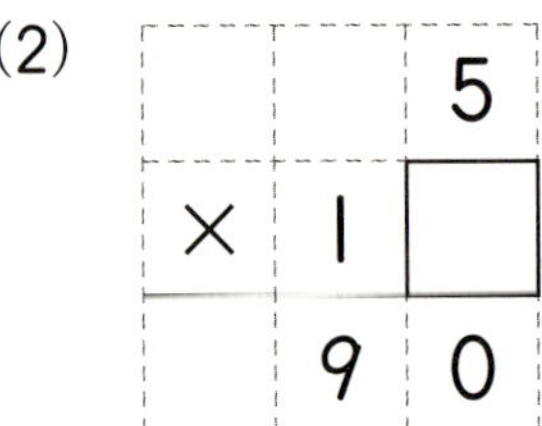

(3)

(4)

(5)
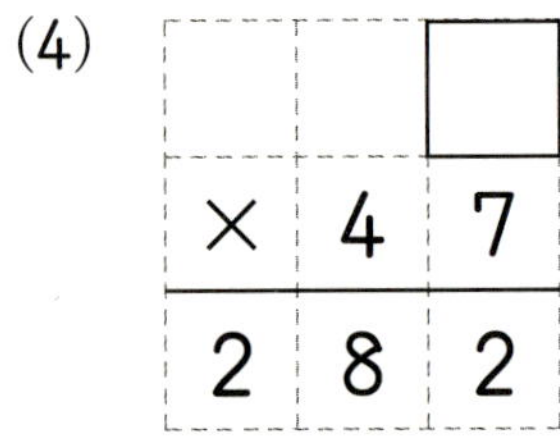

(6)

(7)
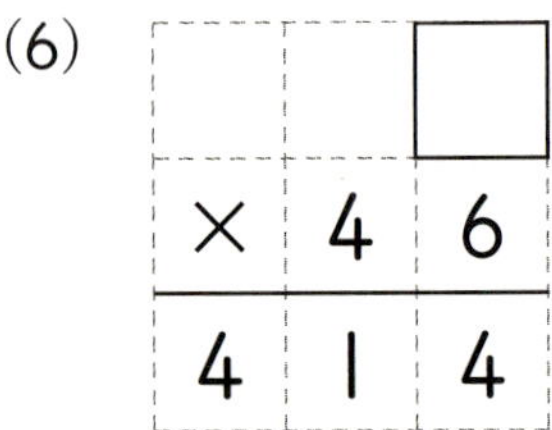

(8)
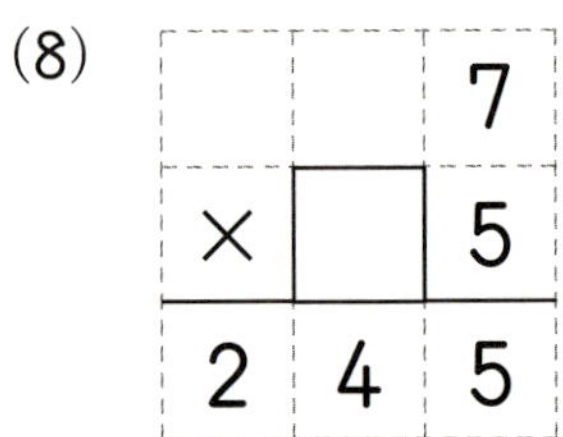

✚ □ 안에 알맞은 숫자를 써넣으시오.

(9)

		□
×	2	7
	5	4

(10)

		□
×	5	4
4	3	2

(11)

		4
×	□	3
2	1	2

(12)

		9
×	□	8
3	4	2

(13)

		7
×	2	□
1	6	8

(14)

		5
×	4	□
2	3	0

(15)

		□
×	4	8
	9	6

(16)

		□
×	3	4
2	0	4

3주 (두 자리 수)×(두 자리 수) 1

학습 체크표 매일 학습이 끝나면 채점을 하고 체크표를 작성하여 나의 실력을 알아보세요.

차시	단계	공부한 날	잘 했나요?
25차시		월 일	😊 🙂 😐 😖
26차시		월 일	😊 🙂 😐 😖
27차시		월 일	😊 🙂 😐 😖
28차시		월 일	😊 🙂 😐 😖
29차시	1단계	월 일	😊 🙂 😐 😖
30차시		월 일	😊 🙂 😐 😖
31차시		월 일	😊 🙂 😐 😖
32차시		월 일	😊 🙂 😐 😖
33차시		월 일	😊 🙂 😐 😖
34차시	2단계	월 일	😊 🙂 😐 😖
35차시		월 일	😊 🙂 😐 😖
36차시	3단계	월 일	😊 🙂 😐 😖

틀린 개수가

0~1개이면 😊 (아주 잘함)에, 2~3개이면 🙂 (잘함)에,

4~5개이면 😐 (보통)에, 6개 이상이면 😖 (노력 바람)에 색칠해 주세요.

만화로 개념 알아보기

 올림이 있는 (두 자리 수)×(두 자리 수)의 곱셈을 여러 가지 방법으로 숙달하고, 곱셈의 기초를 다집니다.

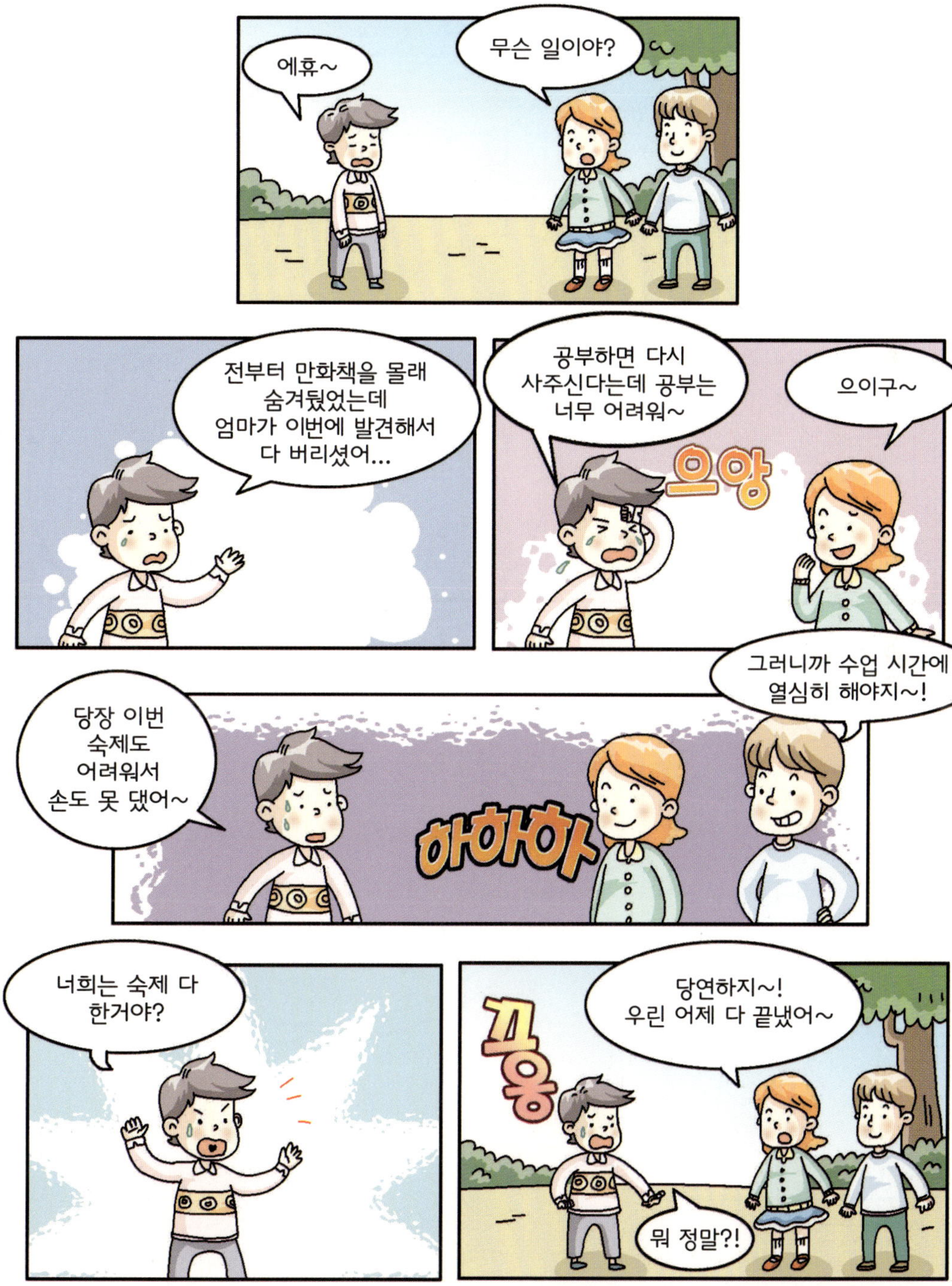

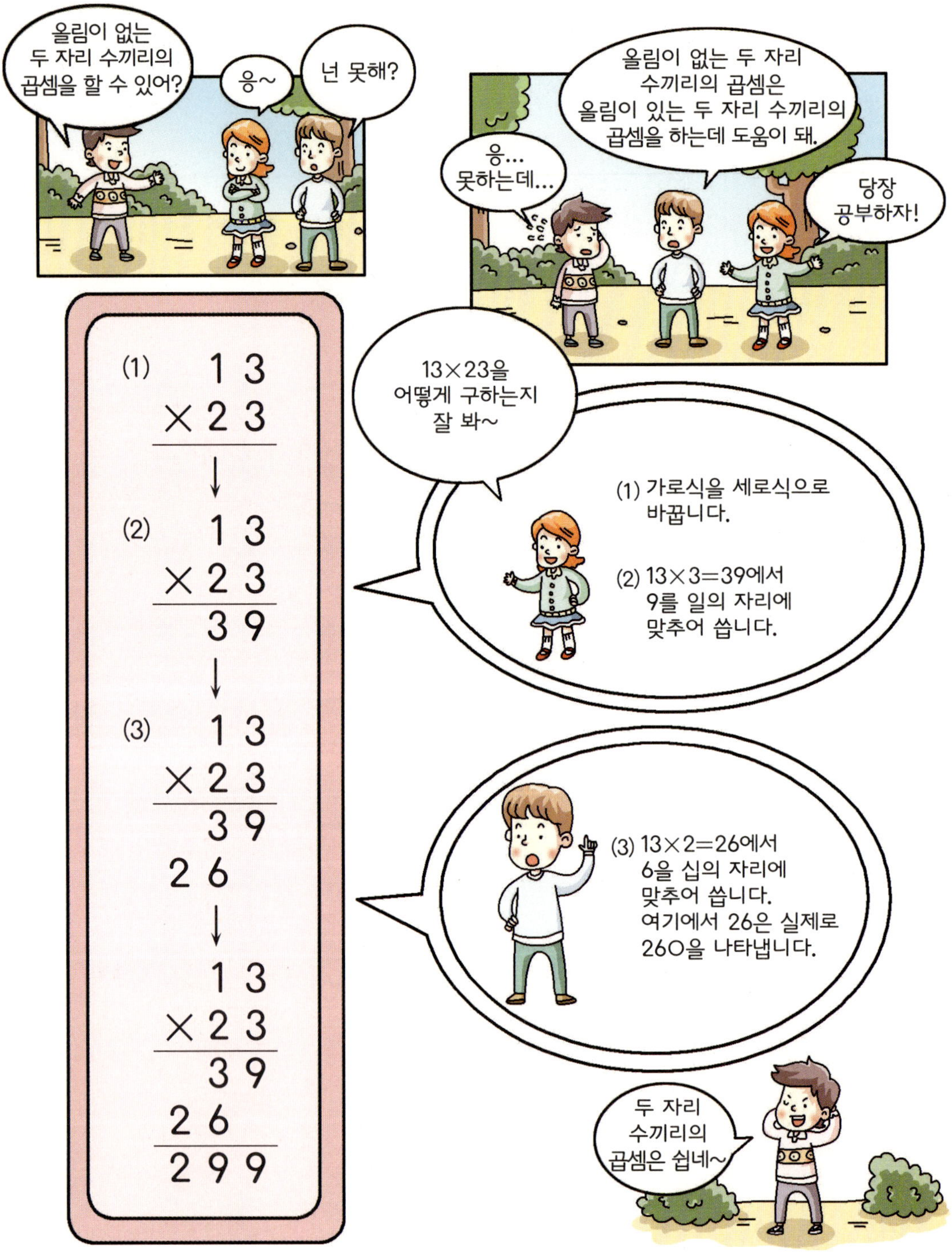

(1)
$$\begin{array}{r} 1\ 3 \\ \times\ 2\ 3 \\ \hline \end{array}$$

(2)
$$\begin{array}{r} 1\ 3 \\ \times\ 2\ 3 \\ \hline 3\ 9 \end{array}$$

(3)
$$\begin{array}{r} 1\ 3 \\ \times\ 2\ 3 \\ \hline 3\ 9 \\ 2\ 6 \end{array}$$

$$\begin{array}{r} 1\ 3 \\ \times\ 2\ 3 \\ \hline 3\ 9 \\ 2\ 6 \\ \hline 2\ 9\ 9 \end{array}$$

에휴휴~
왜 한숨을 쉬어?
엄마가 만화책 대신에 동화책을 사주셨는데 너무 두꺼워...
그래?
으앙
아무리 노력해도 하루에 15쪽 밖에 못 읽겠어~
하루에 15쪽씩 23일 동안 읽으면 다 읽겠는걸~
어떻게 알아?
으앙
곱셈으로 계산해보면 돼~
계산까지 해야 해?

3주

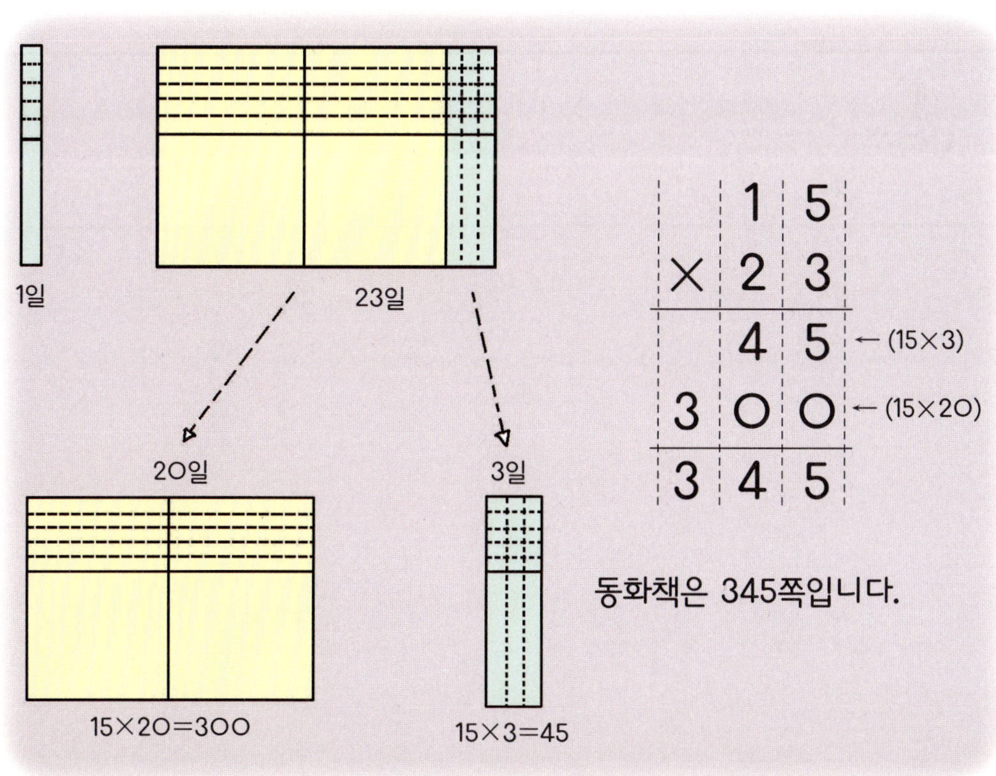
1일
23일
20일
3일
15×20=300
15×3=45
1 5
× 2 3
4 5   ← (15×3)
3 ○ ○   ← (15×20)
3 4 5
동화책은 345쪽입니다.

 곱셈을 하시오.

(1)

```
    3 2
 ×  2 4
─────────
  1 2 8
    6 4
─────────
  1 9 2
```

32×2=64를 십의 자리에 맞추어 씁니다.

(2)

```
    3 2
 ×  2 4
─────────
  1 2 8
  6 4
─────────
  7 6 8
```

(3)

```
    2 0
 ×  4 0
─────────
    0 0
  8 0
```

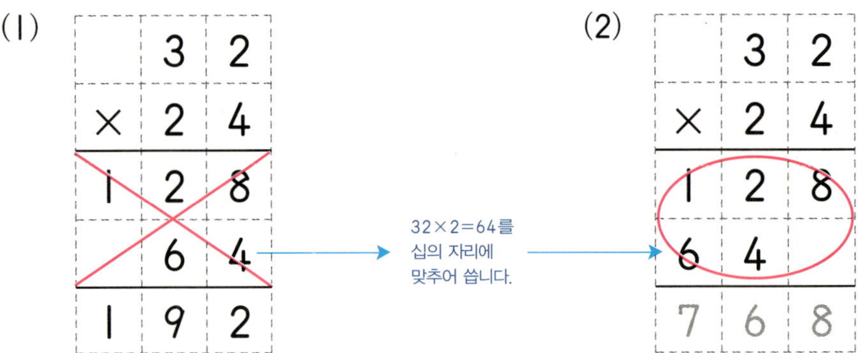

20×0=0

20×4=80

(4)

```
    3 0
 ×  2 0
─────────
```

(5)

```
    5 3
 ×  1 4
─────────
  2 1 2
  5 3
```

53×4=212

53×1=53

(6)

```
    2 6
 ×  2 5
─────────
```

 곱하는 수를 일의 자리와 십의 자리로 나누어 각각의 곱을 구하여 자리를 맞추어 쓴 다음 더합니다.

✿ 곱셈을 하시오.

(7)

```
    3  2
×   1  2
```

(8)

```
    6  1
×   1  5
```

(9)

```
    4  0
×   2  0
```

(10)

```
    2  0
×   3  0
```

(11)

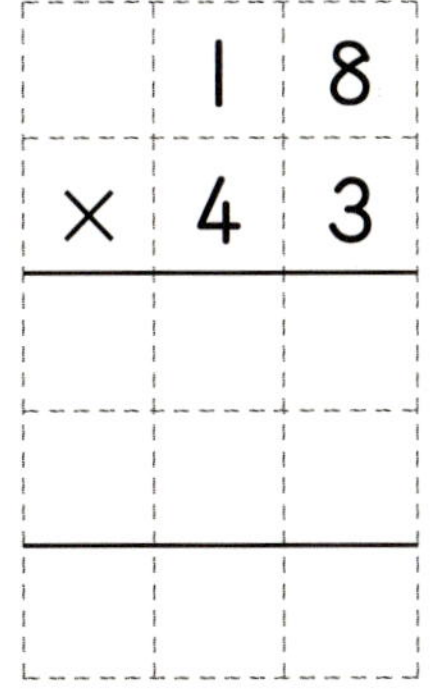

```
    1  8
×   4  3
```

(12)

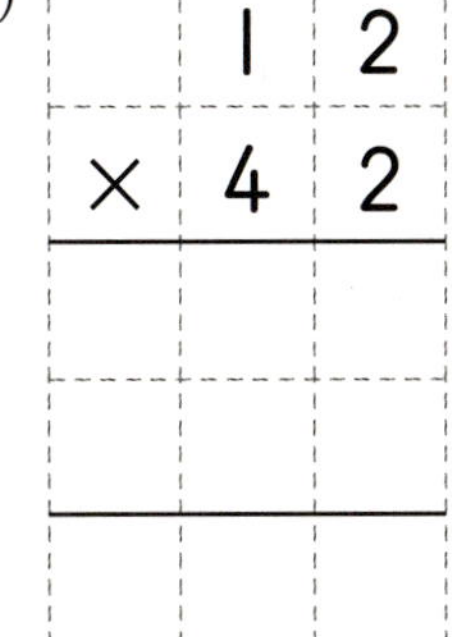

```
    1  2
×   4  2
```

곱셈을 하시오.

(1)
$$\begin{array}{r} 2\,0 \\ \times\ 3\,1 \\ \hline \end{array}$$

(2)
$$\begin{array}{r} 1\,4 \\ \times\ 3\,6 \\ \hline \end{array}$$

(3)
$$\begin{array}{r} 5\,3 \\ \times\ 1\,4 \\ \hline \end{array}$$

(4)
$$\begin{array}{r} 3\,2 \\ \times\ 2\,8 \\ \hline \end{array}$$

(5)
$$\begin{array}{r} 4\,2 \\ \times\ 2\,3 \\ \hline \end{array}$$

(6)
$$\begin{array}{r} 3\,7 \\ \times\ 1\,9 \\ \hline \end{array}$$

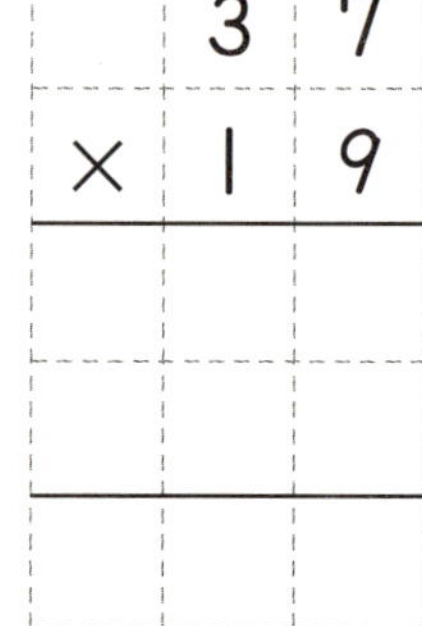

 곱셈을 하시오.

F5

(7)

$$\begin{array}{r} 3\,4 \\ \times\;1\,2 \\ \hline \end{array}$$

(8)

$$\begin{array}{r} 3\,1 \\ \times\;2\,9 \\ \hline \end{array}$$

(9)

$$\begin{array}{r} 5\,4 \\ \times\;1\,5 \\ \hline \end{array}$$

(10)

$$\begin{array}{r} 4\,3 \\ \times\;2\,3 \\ \hline \end{array}$$

(11)

$$\begin{array}{r} 3\,6 \\ \times\;2\,7 \\ \hline \end{array}$$

(12)

$$\begin{array}{r} 3\,3 \\ \times\;2\,9 \\ \hline \end{array}$$

 곱셈을 하시오.

(1)

$$\begin{array}{r} 1\ 3 \\ \times\ 2\ 3 \\ \hline 3\ 9 \\ 2\ 6 \\ \hline \end{array}$$

$13\times3=39$
$13\times2=26$

(2)

$$\begin{array}{r} 2\ 4 \\ \times\ 2\ 2 \\ \hline \end{array}$$

(3)

$$\begin{array}{r} 3\ 9 \\ \times\ 1\ 2 \\ \hline 7\ 8 \\ 3\ 9 \\ \hline \end{array}$$

$39\times2=78$
$39\times1=39$

(4)

$$\begin{array}{r} 2\ 1 \\ \times\ 2\ 4 \\ \hline \end{array}$$

(5)

$$\begin{array}{r} 4\ 3 \\ \times\ 1\ 6 \\ \hline 2\ 5\ 8 \\ 4\ 3 \\ \hline \end{array}$$

$43\times6=258$
$43\times1=43$

(6)

$$\begin{array}{r} 3\ 2 \\ \times\ 2\ 8 \\ \hline \end{array}$$

 곱하는 수를 일의 자리와 십의 자리로 나누어 각각의 곱을 구하여 자리를 맞추어 쓴 다음 더합니다.

곱셈을 하시오.

(7)
$$\begin{array}{r} 3\ 6 \\ \times\ 2\ 1 \\ \hline \end{array}$$

(8)
$$\begin{array}{r} 4\ 8 \\ \times\ 1\ 7 \\ \hline \end{array}$$

(9)
$$\begin{array}{r} 1\ 4 \\ \times\ 2\ 3 \\ \hline \end{array}$$

(10)
$$\begin{array}{r} 3\ 1 \\ \times\ 3\ 2 \\ \hline \end{array}$$

(11)
$$\begin{array}{r} 2\ 1 \\ \times\ 2\ 2 \\ \hline \end{array}$$

(12)
$$\begin{array}{r} 7\ 2 \\ \times\ 1\ 3 \\ \hline \end{array}$$

28_{차시} (두 자리 수)×(두 자리 수) 1

 곱셈을 하시오.

(1)

$$\begin{array}{r} 2\ 1 \\ \times\ 1\ 3 \\ \hline \end{array}$$

(2)

$$\begin{array}{r} 1\ 8 \\ \times\ 1\ 1 \\ \hline \end{array}$$

(3)

$$\begin{array}{r} 4\ 3 \\ \times\ 1\ 8 \\ \hline \end{array}$$

(4)

$$\begin{array}{r} 3\ 5 \\ \times\ 2\ 7 \\ \hline \end{array}$$

(5)

$$\begin{array}{r} 1\ 3 \\ \times\ 7\ 3 \\ \hline \end{array}$$

(6)

$$\begin{array}{r} 1\ 6 \\ \times\ 4\ 1 \\ \hline \end{array}$$

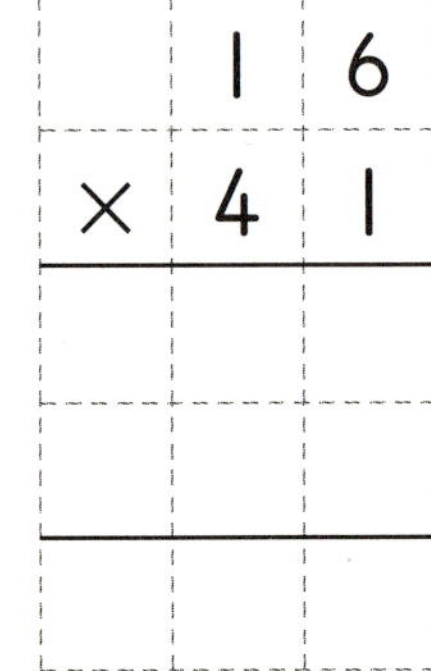

◆ 곱셈을 하시오.

(7)

$$\begin{array}{r} 3\ 5 \\ \times\ 2\ 1 \\ \hline \end{array}$$

(8)

$$\begin{array}{r} 1\ 8 \\ \times\ 3\ 1 \\ \hline \end{array}$$

(9)

$$\begin{array}{r} 1\ 9 \\ \times\ 5\ 1 \\ \hline \end{array}$$

(10)

$$\begin{array}{r} 1\ 3 \\ \times\ 4\ 3 \\ \hline \end{array}$$

(11)

$$\begin{array}{r} 3\ 8 \\ \times\ 2\ 2 \\ \hline \end{array}$$

(12)

$$\begin{array}{r} 1\ 5 \\ \times\ 4\ 3 \\ \hline \end{array}$$

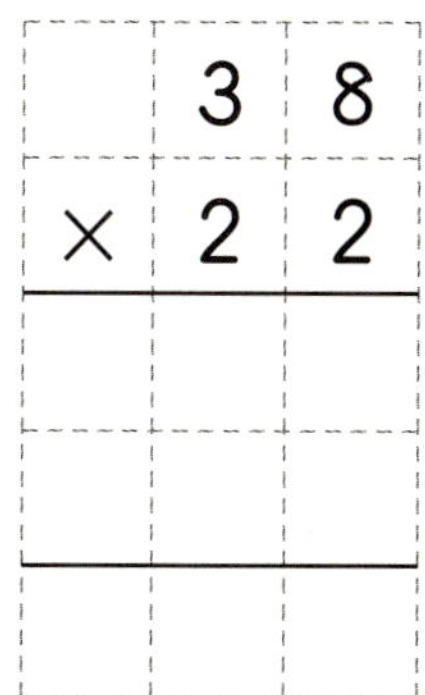

 곱셈을 하시오.

(1)

$$\begin{array}{r} 3\,4 \\ \times\ 1\,8 \\ \hline 2\,7\,2 \\ 3\,4\ \ \end{array}$$

① 34×8=272는 34와 일의 자리 수와의 곱이므로 272를 일의 자리에 맞추어 씁니다.

② 34×1=34는 34와 십의 자리 수와의 곱이므로 34를 십의 자리에 맞추어 씁니다.

(2)

$$\begin{array}{r} 3\,2 \\ \times\ 2\,4 \\ \hline \end{array}$$

(3)

$$\begin{array}{r} 7\,3 \\ \times\ 1\,3 \\ \hline \end{array}$$

(4)

$$\begin{array}{r} 5\,1 \\ \times\ 1\,5 \\ \hline \end{array}$$

(5)

$$\begin{array}{r} 5\,4 \\ \times\ 1\,3 \\ \hline \end{array}$$

(6)

$$\begin{array}{r} 2\,7 \\ \times\ 2\,6 \\ \hline \end{array}$$

(7)

$$\begin{array}{r} 2\,4 \\ \times\ 3\,8 \\ \hline \end{array}$$

 곱셈에서 실수가 많은 경우는 올림을 생각하지 못했을 때와 각 부분 곱셈의 결과를 나타낼 때 줄을 잘못 맞추었을 때입니다. 주의하도록 합니다.

 곱셈을 하시오.

(8)
$$\begin{array}{r} 2\,4 \\ \times\ 2\,3 \\ \hline \end{array}$$

(9)
$$\begin{array}{r} 3\,2 \\ \times\ 1\,6 \\ \hline \end{array}$$

(10)
$$\begin{array}{r} 4\,8 \\ \times\ 1\,5 \\ \hline \end{array}$$

(11)
$$\begin{array}{r} 1\,3 \\ \times\ 3\,9 \\ \hline \end{array}$$

(12)
$$\begin{array}{r} 3\,5 \\ \times\ 2\,3 \\ \hline \end{array}$$

(13)
$$\begin{array}{r} 1\,5 \\ \times\ 4\,3 \\ \hline \end{array}$$

(14)
$$\begin{array}{r} 2\,1 \\ \times\ 3\,7 \\ \hline \end{array}$$

(15)
$$\begin{array}{r} 4\,5 \\ \times\ 1\,7 \\ \hline \end{array}$$

(16)
$$\begin{array}{r} 2\,9 \\ \times\ 3\,2 \\ \hline \end{array}$$

(17)
$$\begin{array}{r} 2\,3 \\ \times\ 4\,3 \\ \hline \end{array}$$

(18)
$$\begin{array}{r} 2\,7 \\ \times\ 2\,3 \\ \hline \end{array}$$

(19)
$$\begin{array}{r} 1\,6 \\ \times\ 3\,6 \\ \hline \end{array}$$

 곱셈을 하시오.

(1)
```
   1 4
 × 2 2
```

(2)
```
   4 1
 × 1 2
```

(3)
```
   2 1
 × 3 4
```

(4)
```
   1 1
 × 5 8
```

(5)
```
   1 5
 × 1 3
```

(6)
```
   1 2
 × 3 8
```

(7)
```
   1 4
 × 2 7
```

(8)
```
   1 2
 × 4 6
```

(9)
```
   2 4
 × 2 4
```

(10)
```
   1 3
 × 3 5
```

(11)
```
   4 9
 × 1 2
```

(12)
```
   2 3
 × 1 4
```

✚ 곱셈을 하시오.

(13)
$$\begin{array}{r} 18 \\ \times\ 26 \\ \hline \end{array}$$

(14)
$$\begin{array}{r} 19 \\ \times\ 44 \\ \hline \end{array}$$

(15)
$$\begin{array}{r} 24 \\ \times\ 12 \\ \hline \end{array}$$

(16)
$$\begin{array}{r} 14 \\ \times\ 27 \\ \hline \end{array}$$

(17)
$$\begin{array}{r} 42 \\ \times\ 16 \\ \hline \end{array}$$

(18)
$$\begin{array}{r} 24 \\ \times\ 32 \\ \hline \end{array}$$

(19)
$$\begin{array}{r} 23 \\ \times\ 13 \\ \hline \end{array}$$

(20)
$$\begin{array}{r} 30 \\ \times\ 18 \\ \hline \end{array}$$

(21)
$$\begin{array}{r} 54 \\ \times\ 16 \\ \hline \end{array}$$

(22)
$$\begin{array}{r} 38 \\ \times\ 24 \\ \hline \end{array}$$

(23)
$$\begin{array}{r} 43 \\ \times\ 19 \\ \hline \end{array}$$

(24)
$$\begin{array}{r} 56 \\ \times\ 17 \\ \hline \end{array}$$

 31차시 (두 자리 수)×(두 자리 수) 1 1단계

➕ 가로셈을 세로셈으로 고쳐 계산하시오.

(1) 23×15

$$\begin{array}{r} 2\ 3 \\ \times\ 1\ 5 \\ \hline \end{array}$$

(2) 12×34

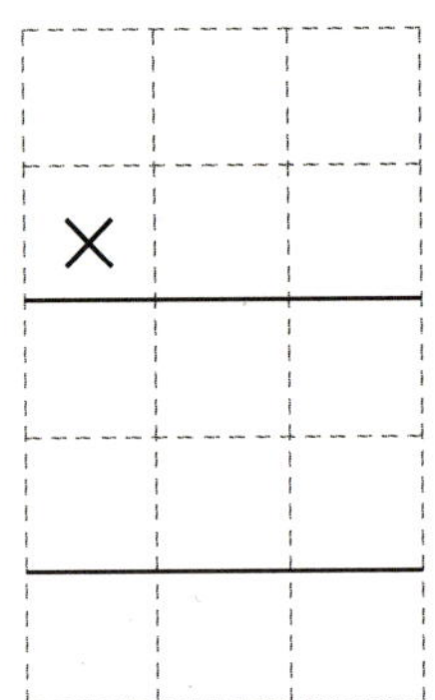

(3) 44×21

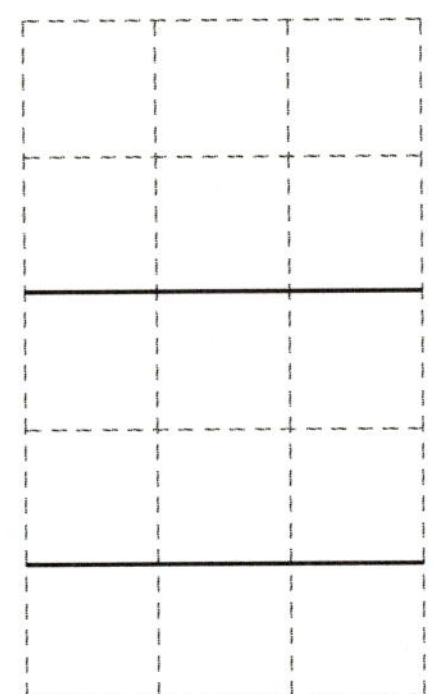

(4) 11×78

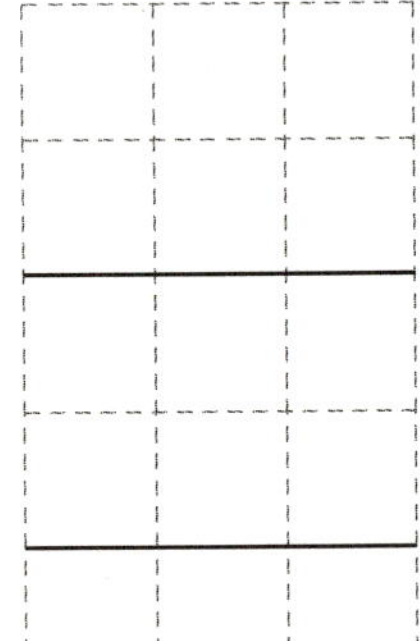

(5) 20×36

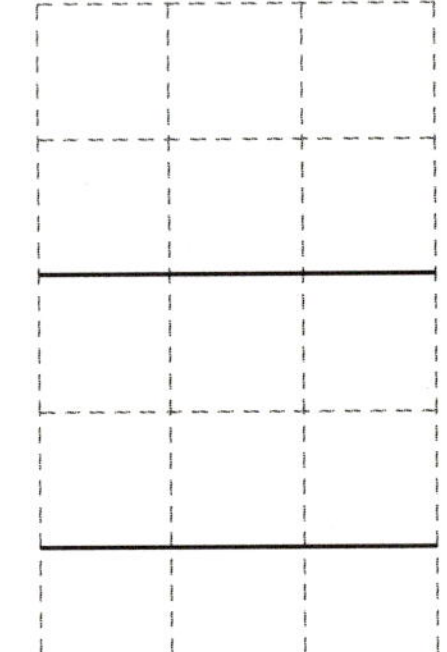

(6) 33×22

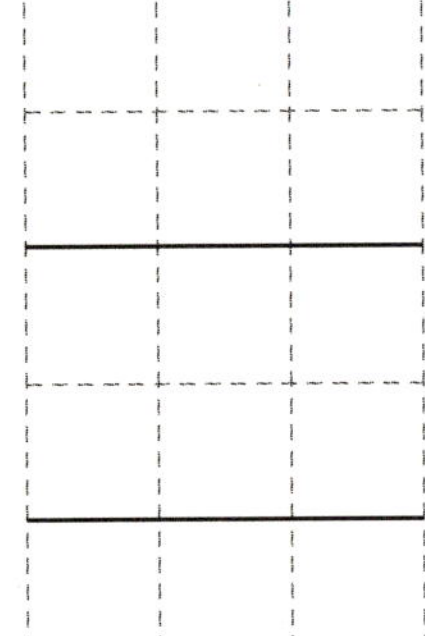

 가로셈을 세로셈으로 고쳐 계산할 때에는 자리를 맞추어 쓰고 일의 자리, 십의 자리의 순서로 계산합니다.

가로셈을 세로셈으로 고쳐 계산하시오.

(7) 26×13

(8) 24×32

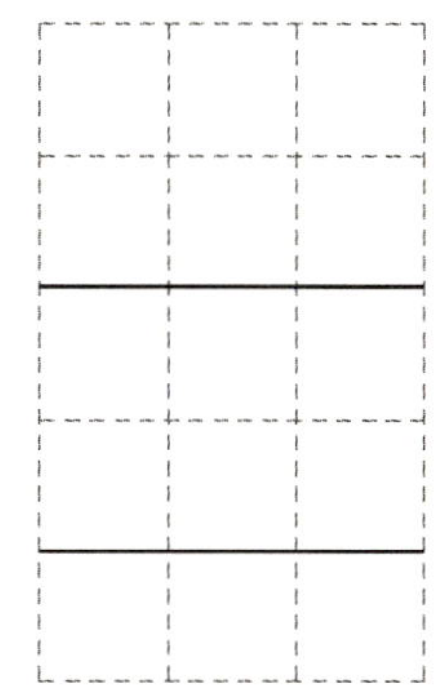

(9) 15×28

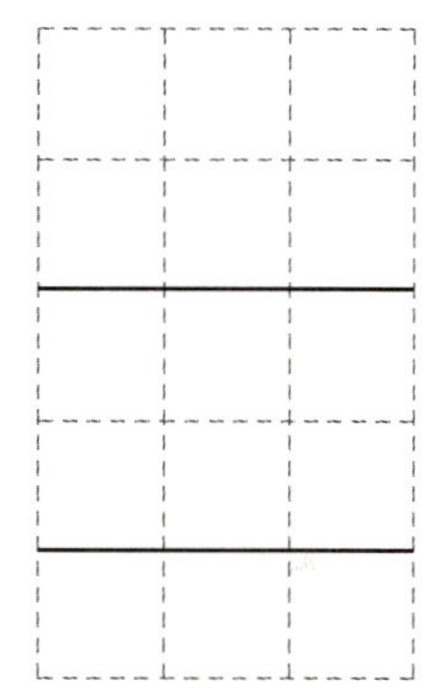

(10) 25×28

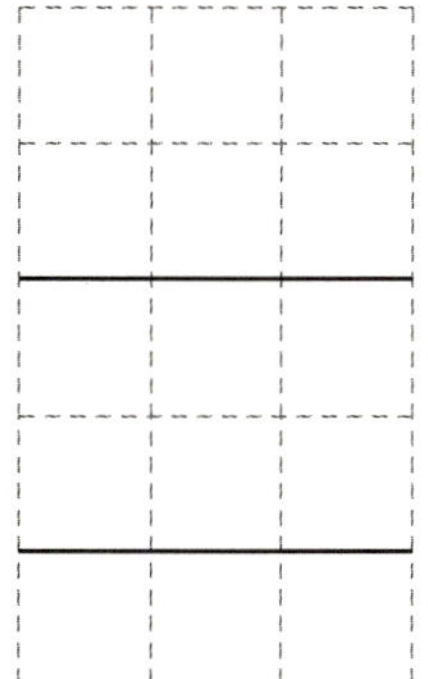

(11) 18×31

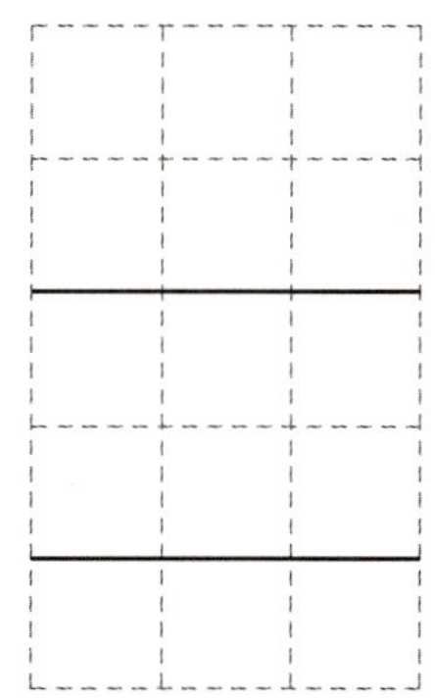

(12) 19×28

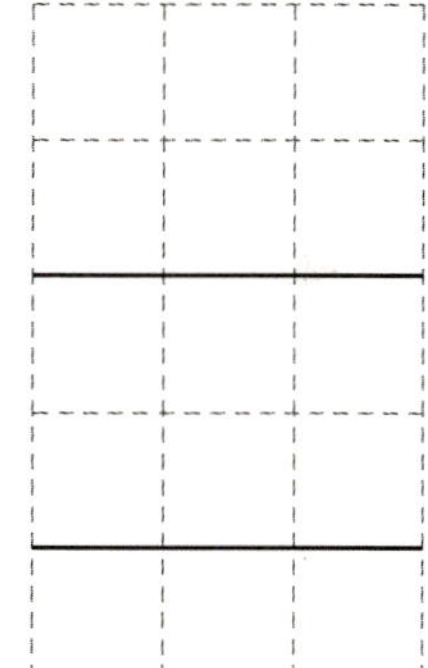

(13) 45×14

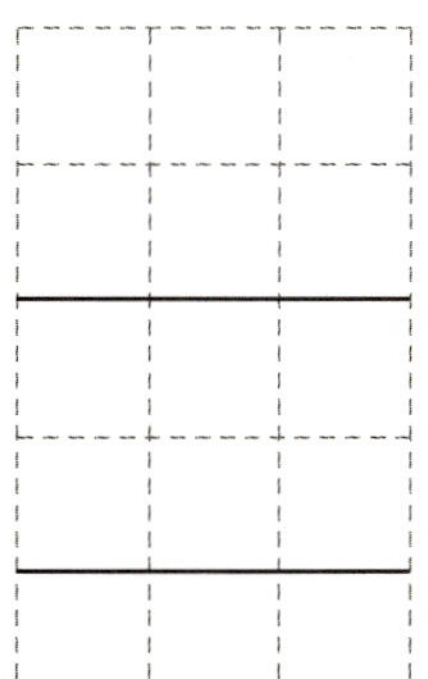

(14) 27×26

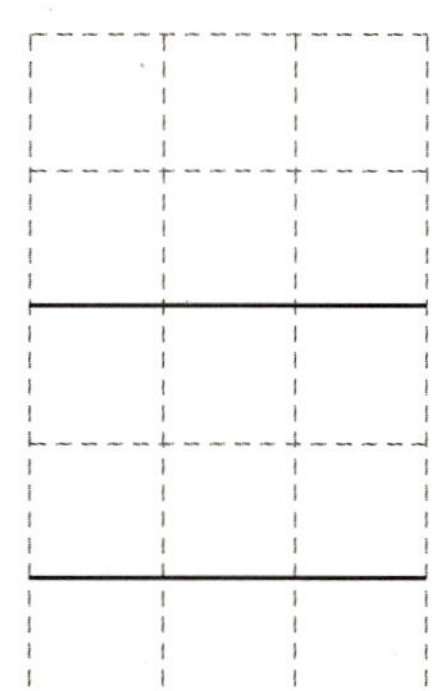

(15) 35×24

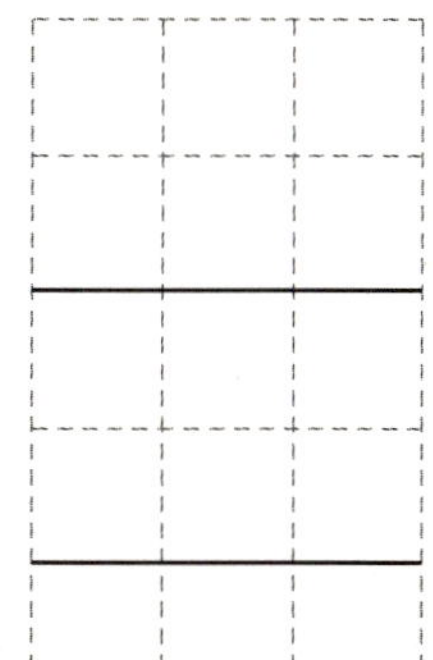

32차시 (두 자리 수)×(두 자리 수) 1

 가로셈을 세로셈으로 고쳐 계산하시오.

⑴ 32×28

⑵ 30×24

⑶ 28×17

⑷ 34×18

⑸ 23×19

⑹ 16×35

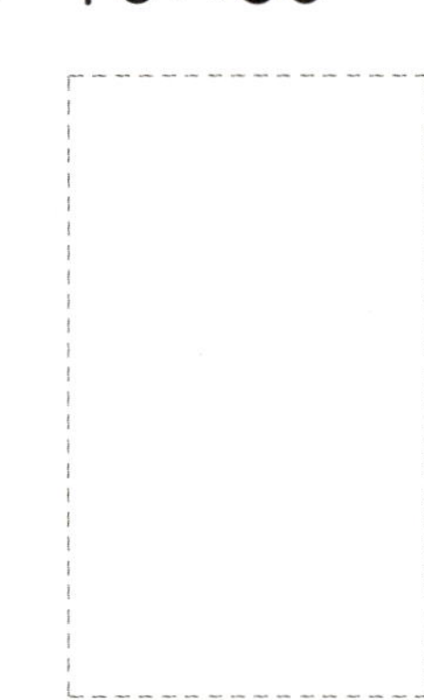

⑺ 19×25

⑻ 15×26

⑼ 12×28

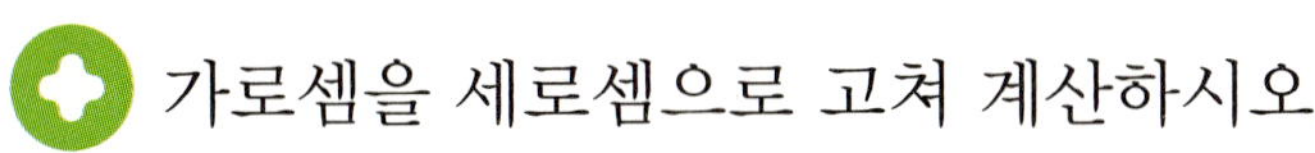 가로셈을 세로셈으로 고쳐 계산하시오.

(10) 17×24

(11) 26×33

(12) 16×17

(13) 19×28

(14) 21×29

(15) 13×42

(16) 64×13

(17) 26×17

(18) 16×34

빈칸에 알맞은 수를 써넣으시오.

×	23	14
23	529	
14		

×	15	26
16		
32		

×	18	22
11		
30		

×	27	32
23		
31		

꼭꼭 가로줄과 세로줄에 있는 두 수의 곱을 구하여 빈칸에 씁니다.
올림이 있는 곱셈은 세로 형식으로 계산하면 편리합니다.

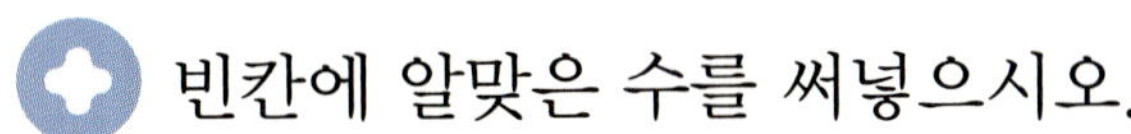

✚ 빈칸에 알맞은 수를 써넣으시오.

×	12	17
24		
26		
32		
19		
23		

×	14	28
17		
35		
29		
31		
18		

➕ 빈칸에 알맞은 수를 써넣으시오.

×	28	23
26		
18		

×	16	25
25		
31		

×	32	46
11		
17		
19		

×	24	18
41		
16		
23		

빈칸에 알맞은 수를 써넣으시오.

×	26	13	28	29
26				
18				

×	18	26	12	37
17				
25				

35차시  (두 자리 수)×(두 자리 수) 1

3단계

✚ □ 안에 알맞은 숫자를 써넣으시오.

(1)

```
      □ 1
  ×   2 3
      □ 3
  6 2
  7 1 3
```

1×2=2
□×2=6
→ □ 안의 수는 3

(2)

```
      □ 6
  ×   1 4
  □ □ 4
  3 6
  5 0 4
```

(3)

```
      1 □
  ×   5 3
    □ 2
  □ 0
  7 4 2
```

□×3=○2
1×3+○=4 → ○=1
→ □ 안의 수는 4

(4)

```
      2 □
  ×   3 2
    □ 6
  □ 4
  8 9 6
```

(5)

```
      2 3
  ×   4 □
      4 □
  □ 2
  9 6 6
```

(6)

```
      1 9
  ×   3 □
  1 3 □
  □ 7
  7 0 3
```

 계산 순서를 생각하여 □ 안에 알맞은 숫자를 구해 봅니다. □ 안에 알맞은 숫자가 여러 개인 경우에는 각 경우에 대해 모두 생각해 봅니다.

✚ □ 안에 알맞은 숫자를 써넣으시오.

(7)
```
      □ 2
×   3 4
      □ 8
  □ 6
  4 0 8
```

(8)
```
      □ 9
×   3 1
    2 □
  □ 7
  8 9 9
```

(9)
```
      1 □
×   5 4
    □ 0
  7 □
  8 1 0
```

(10)
```
      2 □
×   4 3
    □ 9
  □ 2
  9 8 9
```

(11)
```
    2 7
× □ 6
  1 6 2
  8 □
  9 7 2
```

(12)
```
    2 9
× □ 3
    8 7
  □ 7
  9 5 7
```

 □ 안에 알맞은 숫자를 써넣으시오.

(1)
```
      1 3
  ×  □ 1
  ─────────
      1 □
  □ 6
  ─────────
  2 7 3
```

(2)
```
      1 1
  ×  □ 8
  ─────────
    8 □
  2 □
  ─────────
  3 0 8
```

(3)
```
      1 □
  ×  4 3
  ─────────
    □ 4
  7 □
  ─────────
  7 7 4
```

(4)
```
      2 □
  ×  3 5
  ─────────
  1 3 □
  □ 1
  ─────────
  9 4 5
```

(5)
```
      □ 3
  ×  1 3
  ─────────
  2 □ 9
  7 □
  ─────────
  9 4 9
```

(6)
```
      □ 1
  ×  1 6
  ─────────
    4 6
  □ 1
  ─────────
  6 5 6
```

✿ □ 안에 알맞은 숫자를 써넣으시오.

(7)

	□	1
×	3	□
□	0	5
□	3	
7	3	5

(8)

	□	1
×	1	□
□	4	8
□	1	
5	5	8

(9)

	5	□
×	□	9
4	5	9
□	□	
9	6	9

(10)

	4	□
×	□	3
1	2	9
□	□	
5	5	9

(11)

	□	2
×	□	8
□	7	6
6	□	
8	3	6

(12)

	4	□
×	1	□
□	1	5
4	□	
6	4	5

 **4주** (두 자리 수)×(두 자리 수) 2

학습 체크표 매일 학습이 끝나면 채점을 하고 체크표를 작성하여 나의 실력을 알아보세요.

차시	단계	공부한 날	잘 했나요?
37차시	1단계	월 일	😊 🙂 😑 😣
38차시		월 일	😊 🙂 😑 😣
39차시		월 일	😊 🙂 😑 😣
40차시		월 일	😊 🙂 😑 😣
41차시		월 일	😊 🙂 😑 😣
42차시		월 일	😊 🙂 😑 😣
43차시		월 일	😊 🙂 😑 😣
44차시		월 일	😊 🙂 😑 😣
45차시	2단계	월 일	😊 🙂 😑 😣
46차시		월 일	😊 🙂 😑 😣
47차시	3단계	월 일	😊 🙂 😑 😣
48차시		월 일	😊 🙂 😑 😣

틀린 개수가

0~1 개이면 😊 (아주 잘함)에, 2~3 개이면 🙂 (잘함)에,

4~5 개이면 😑 (보통)에, 6개 이상이면 😣 (노력 바람)에 색칠해 주세요.

학습목표 올림이 있는 (두 자리 수)×(두 자리 수)의 곱셈을 여러 가지 방법으로 숙달하고, 곱셈의 기초를 다집니다.

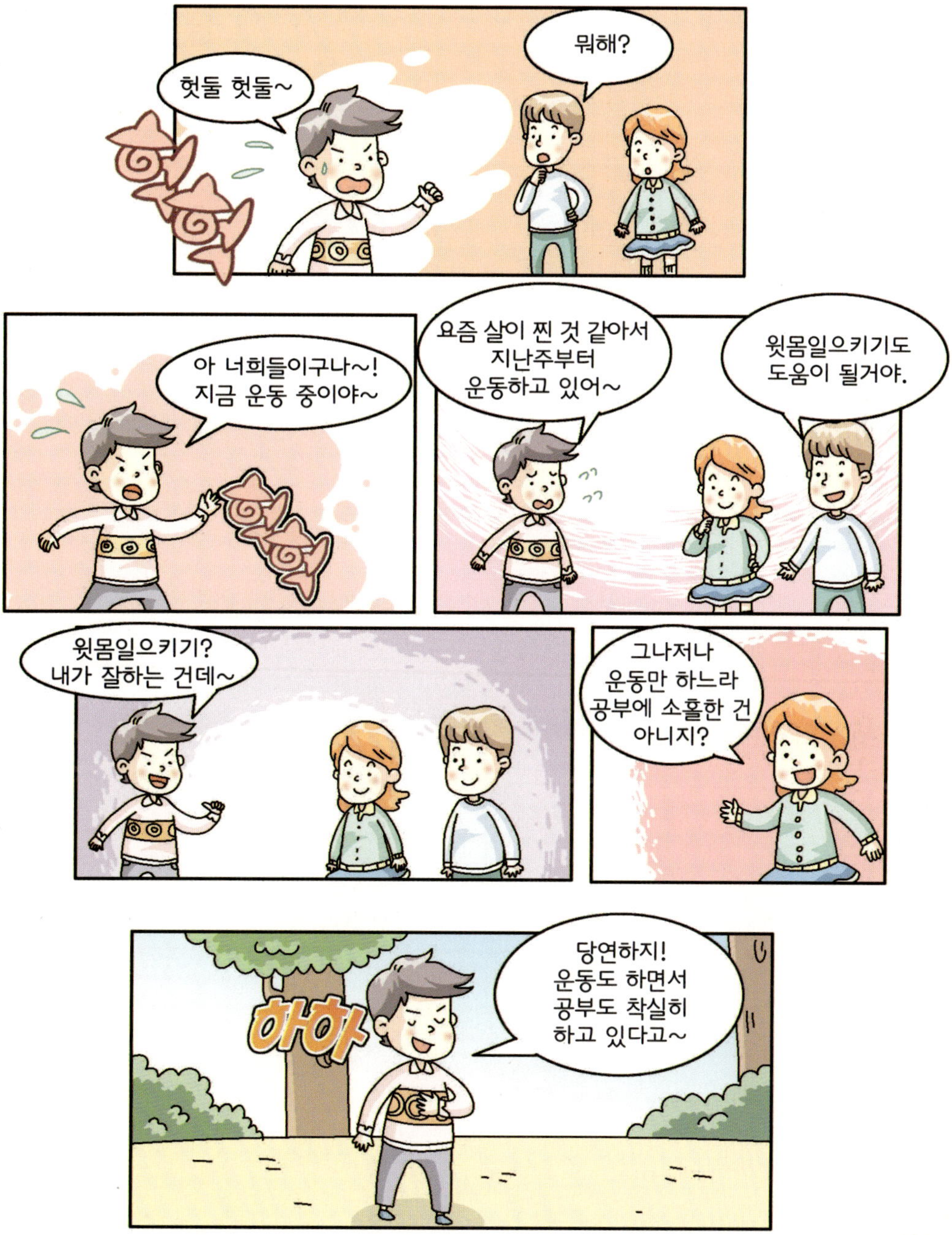

이제 두 자리 수 곱셈쯤은 문제 없어!
자신만만한데~
왜 갑자기 문제를 내고 그래~!
이것 풀어봐~
얼른 풀어 봐~
47×76
으앙
47
×76
가로식을 세로식으로 바꾼 다음~
47
×76
282
47×6=282 에서 2를 일의 자리에 맞추어 쓰고~
47×7=329 에서 9를 십의 자리에 맞추어 쓰면~
47
× 76
282
329
47
× 76
282
329
3572
짜잔~ 답은 3572야~
정확해~
하지만 벽에 낙서한 거... 어떻게 지울래?

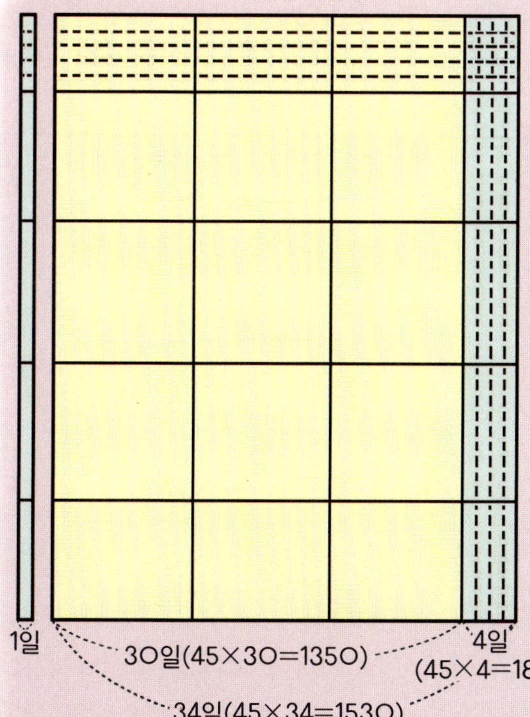

$$
\begin{array}{r}
4\;5 \\
\times \quad 3\;4 \\
\hline
1\;8\;O \quad \leftarrow (45\times4) \\
1\;3\;5\;O \quad \leftarrow (45\times3O) \\
\hline
1\;5\;3\;O \\
\end{array}
$$

윗몸 일으키기를 153O번 했습니다.

37차시 (두 자리 수)×(두 자리 수) 2

1단계

곱셈을 하시오.

(1)

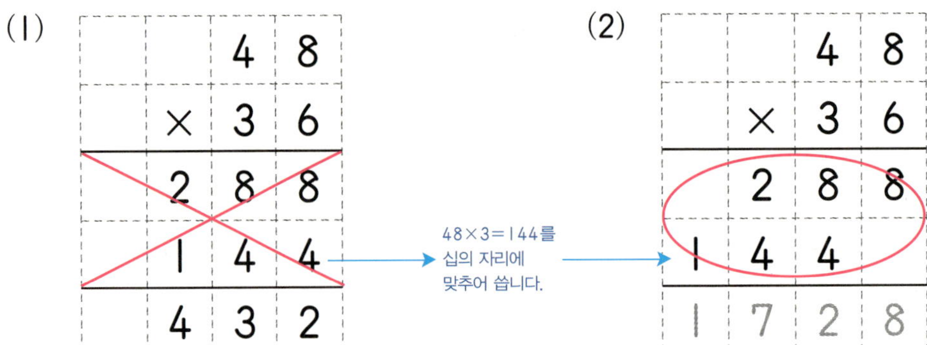

48×3=144를
십의 자리에
맞추어 씁니다.

(2)

(3)

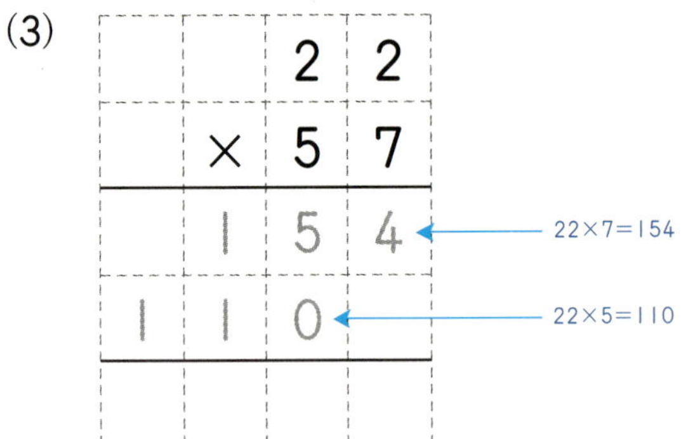

22×7=154

22×5=110

(4)

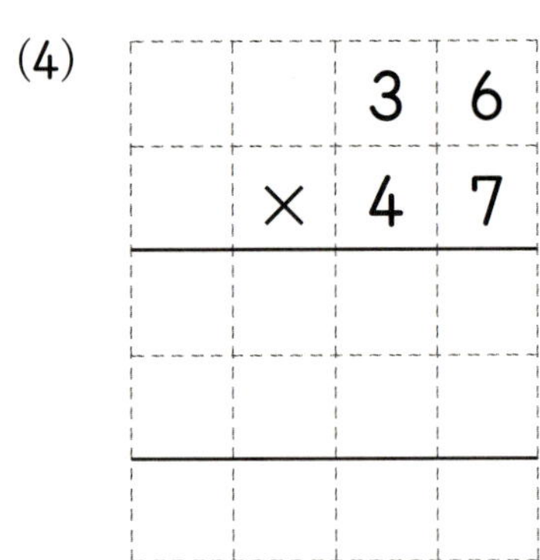

(5)

32×3=96

32×7=224

(6)

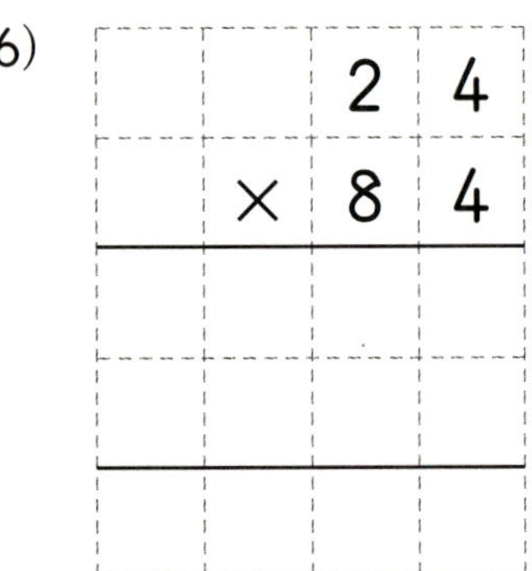

꼭꼭 곱하는 수를 일의 자리와 십의 자리로 나누어 각각의 곱을 구하여 자리를 맞추어 쓴 다음 더합니다.

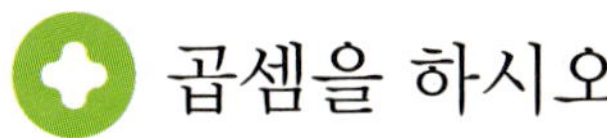

✚ 곱셈을 하시오.

(7)

```
    3 3
×   6 3
```

(8)

```
    8 7
×   1 5
```

(9) 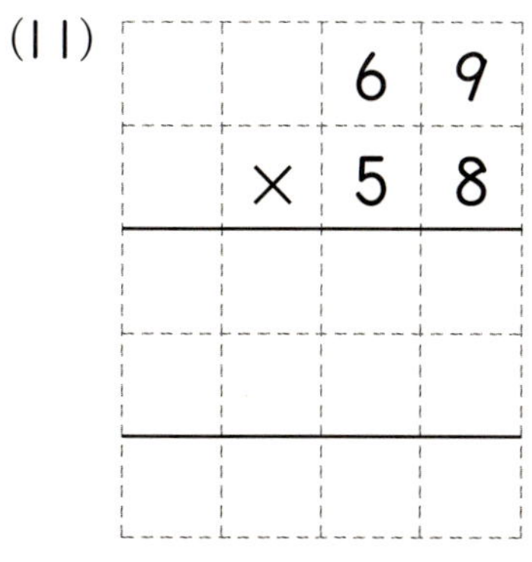

```
    4 3
×   2 6
```

(10)

```
    4 8
×   8 6
```

(11)

```
    6 9
×   5 8
```

(12) 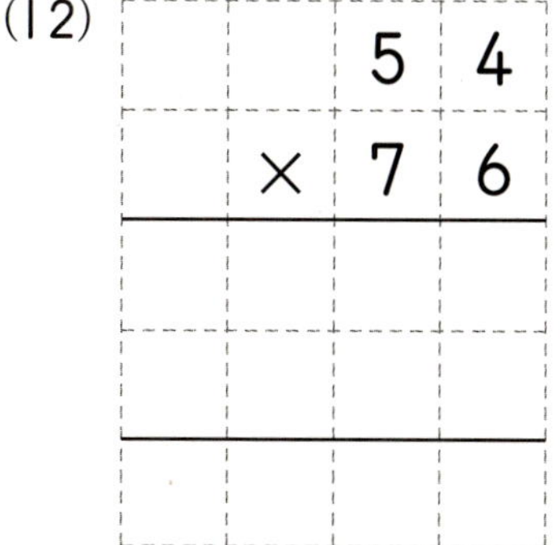

```
    5 4
×   7 6
```

 곱셈을 하시오.

(1)
$$\begin{array}{r} 6\ 4 \\ \times\ 6\ 3 \\ \hline \end{array}$$

(2)
$$\begin{array}{r} 7\ 5 \\ \times\ 7\ 4 \\ \hline \end{array}$$

(3)
$$\begin{array}{r} 8\ 6 \\ \times\ 6\ 7 \\ \hline \end{array}$$

(4)
$$\begin{array}{r} 1\ 8 \\ \times\ 7\ 8 \\ \hline \end{array}$$

(5)
$$\begin{array}{r} 6\ 8 \\ \times\ 8\ 9 \\ \hline \end{array}$$

(6)
$$\begin{array}{r} 4\ 5 \\ \times\ 3\ 2 \\ \hline \end{array}$$

✛ 곱셈을 하시오.

(7)

		6	1
	×	4	3

(8)

		5	2
	×	4	8

(9)

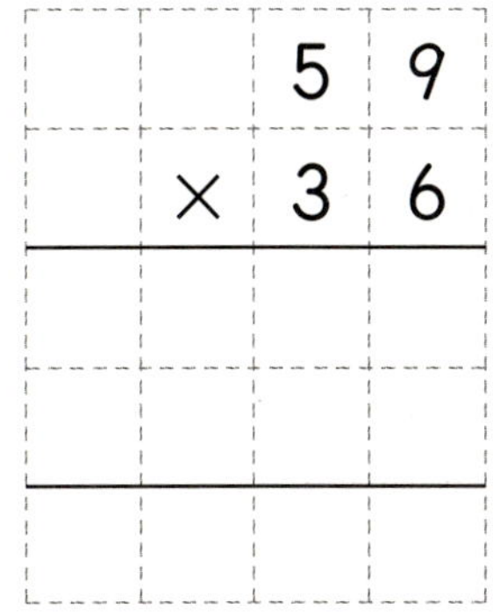

		4	3
	×	8	5

(10)

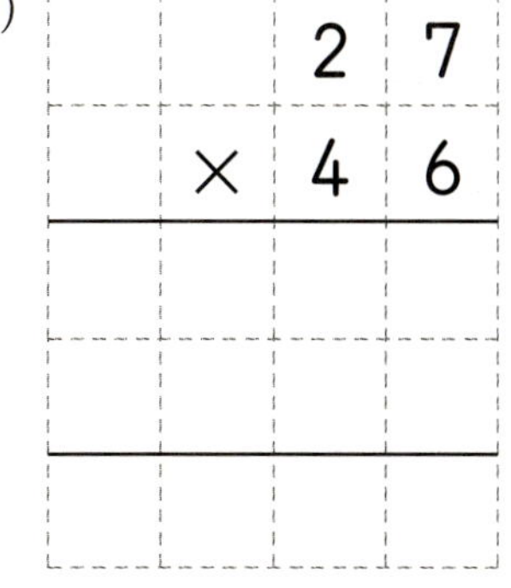

		7	2
	×	3	4

(11)

		5	9
	×	3	6

(12)

		2	7
	×	4	6

 곱셈을 하시오.

(1)
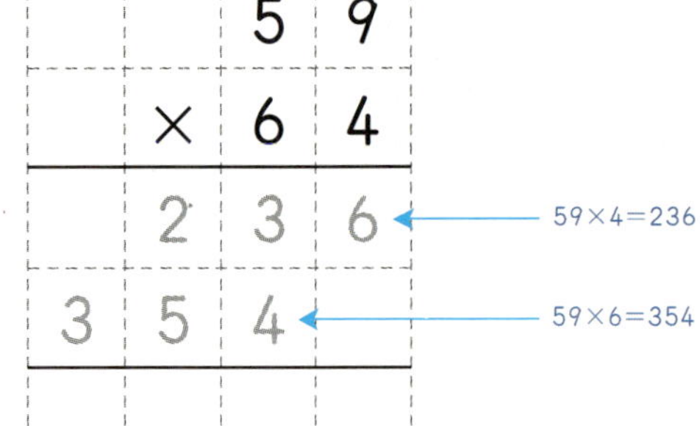

(2)

3 8
× 7 2

(3)

(4)

7 5
× 3 8

(5)
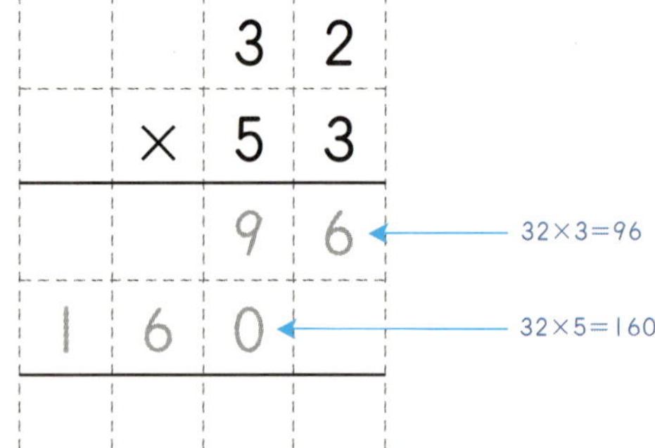

(6)
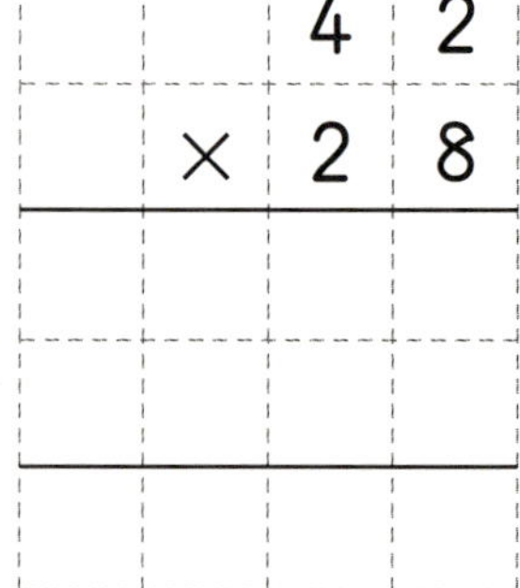

4 2
× 2 8

 곱하는 수를 일의 자리와 십의 자리로 나누어 각각의 곱을 구하여 자리를 맞추어 쓴 다음 더합니다.

✿ 곱셈을 하시오.

(7)
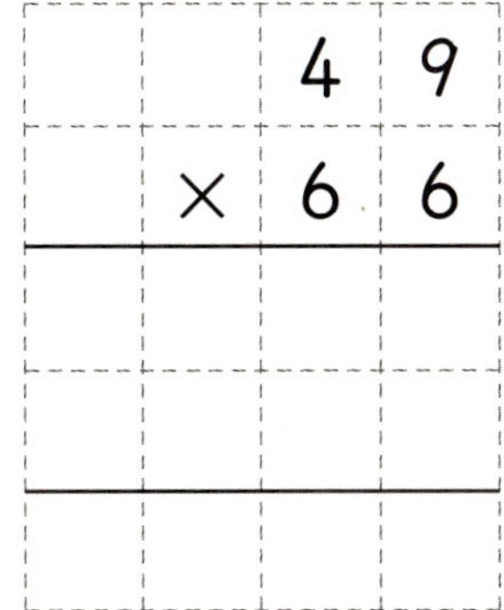

(8)
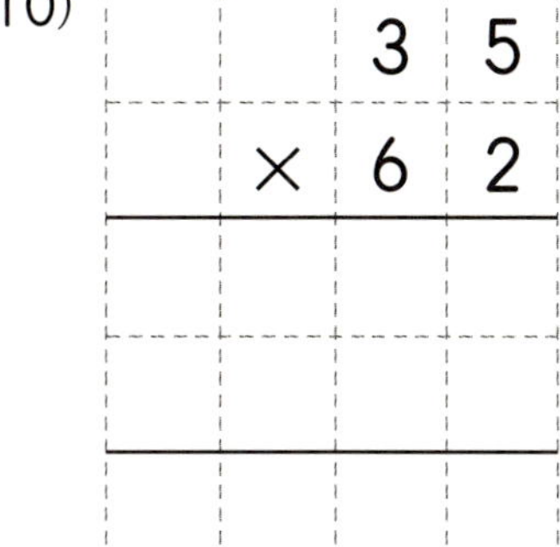

(9)
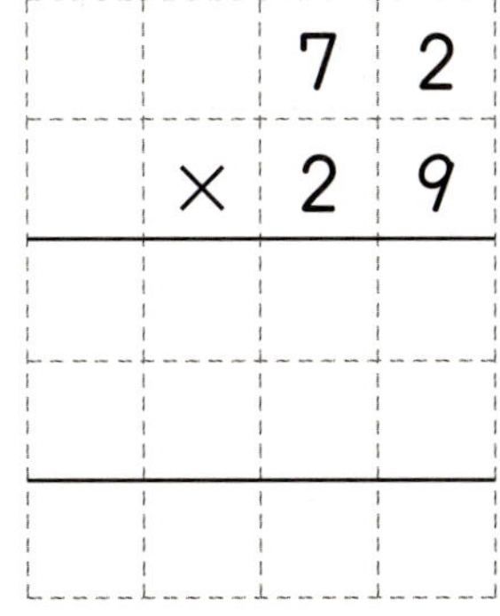

(10)

(11)

(12)
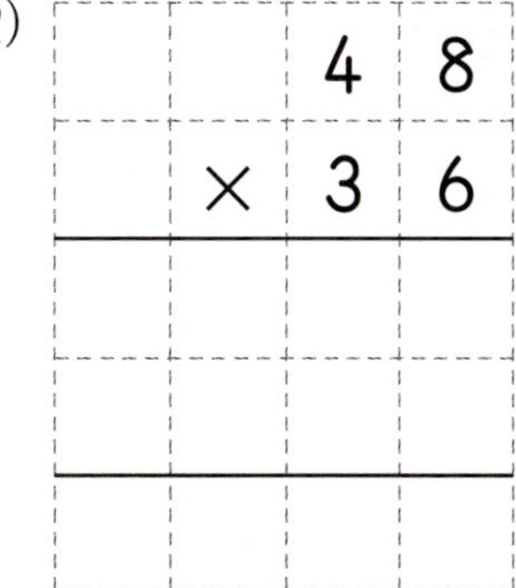

● 곱셈을 하시오.

(1)

$$\begin{array}{r} 5\ 7 \\ \times\ 6\ 8 \\ \hline \end{array}$$

(2)

$$\begin{array}{r} 3\ 9 \\ \times\ 7\ 2 \\ \hline \end{array}$$

(3)

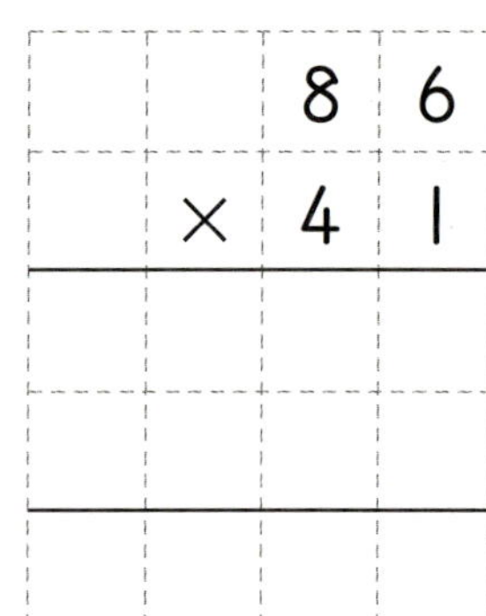
$$\begin{array}{r} 9\ 6 \\ \times\ 2\ 1 \\ \hline \end{array}$$

(4)

$$\begin{array}{r} 8\ 6 \\ \times\ 4\ 1 \\ \hline \end{array}$$

(5)

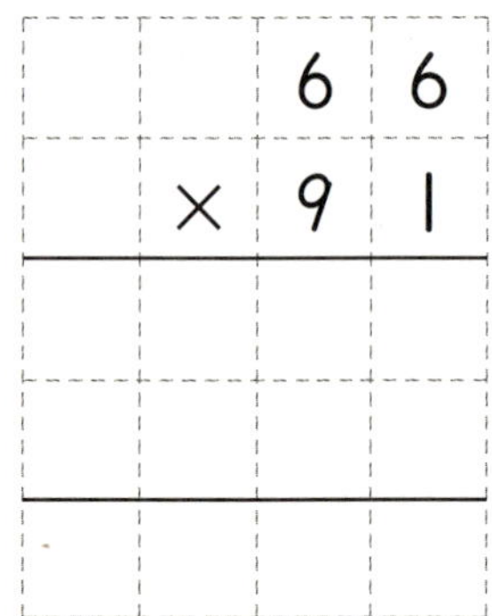
$$\begin{array}{r} 6\ 6 \\ \times\ 9\ 1 \\ \hline \end{array}$$

(6)

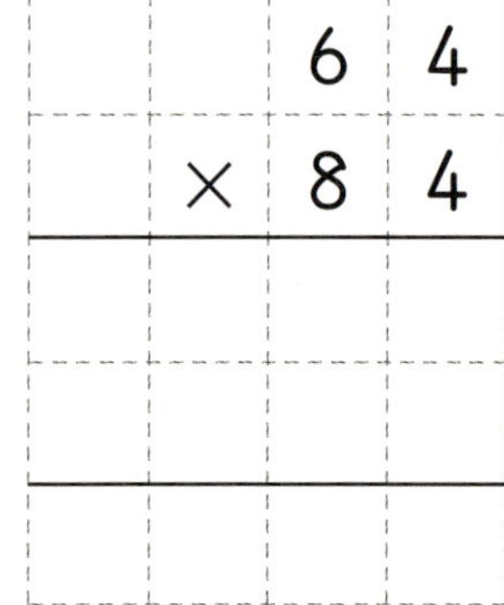
$$\begin{array}{r} 6\ 4 \\ \times\ 8\ 4 \\ \hline \end{array}$$

곱셈을 하시오.

(7)
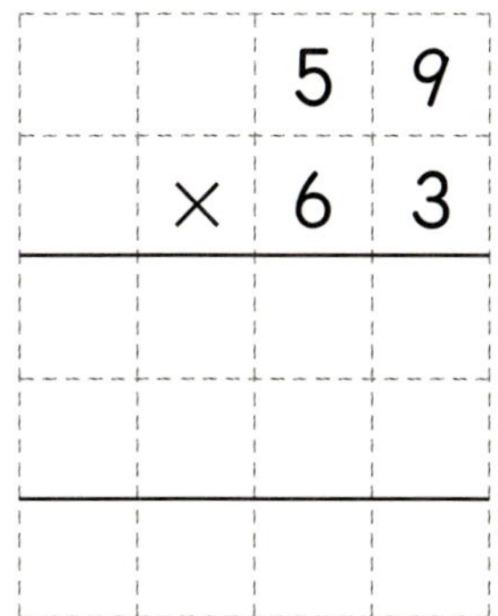

$$\begin{array}{r} 4\ 8 \\ \times\ 2\ 7 \\ \hline \end{array}$$

(8)
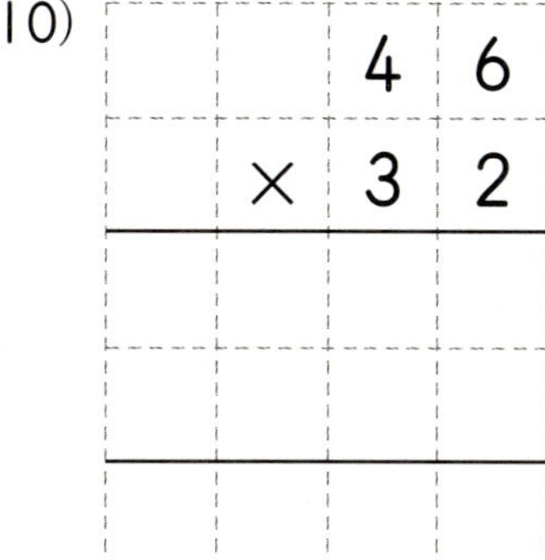

$$\begin{array}{r} 8\ 4 \\ \times\ 2\ 4 \\ \hline \end{array}$$

(9)

$$\begin{array}{r} 5\ 9 \\ \times\ 6\ 3 \\ \hline \end{array}$$

(10)
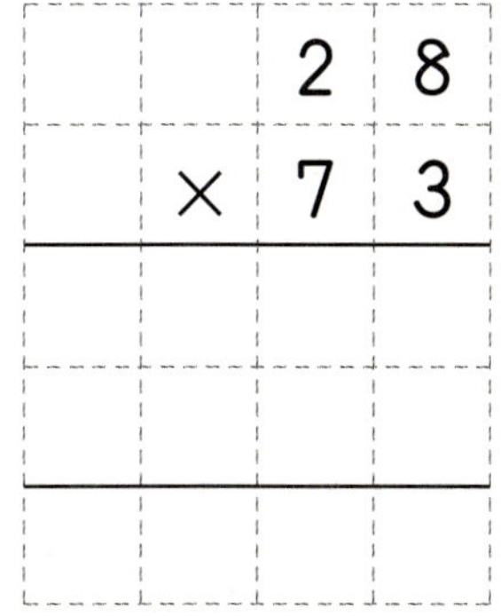

$$\begin{array}{r} 4\ 6 \\ \times\ 3\ 2 \\ \hline \end{array}$$

(11)
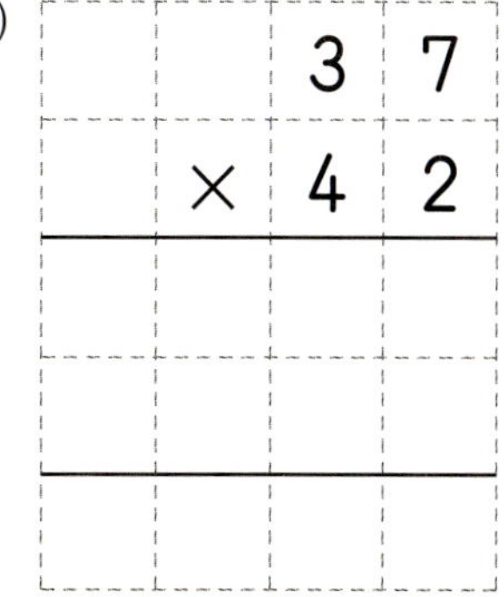

$$\begin{array}{r} 2\ 8 \\ \times\ 7\ 3 \\ \hline \end{array}$$

(12)

$$\begin{array}{r} 3\ 7 \\ \times\ 4\ 2 \\ \hline \end{array}$$

➕ 곱셈을 하시오.

(1)
```
      3 9
  ×   8 3
  ─────────
    1 1 7
  3 1 2
```

① 39×3=117은 39와 일의 자리 수와의 곱이므로 117을 일의 자리에 맞추어 씁니다.
② 39×8=312는 39와 십의 자리 수와의 곱이므로 312를 십의 자리에 맞추어 씁니다.

(2)
```
      6 8
  ×   3 7
  ─────────
```

(3)
```
      8 6
  ×   2 5
  ─────────
```

(4)
```
      4 2
  ×   7 8
  ─────────
```

(5)
```
      9 7
  ×   6 3
  ─────────
```

(6)
```
      4 3
  ×   4 2
  ─────────
```

(7)
```
      3 6
  ×   7 2
  ─────────
```

 곱셈에서 실수가 많은 경우는 올림을 생각하지 못했을 때와 각 부분 곱셈의 결과를 나타낼 때 줄을 잘못 맞추었을 때입니다. 주의하도록 합니다.

곱셈을 하시오.

(8)

$$\begin{array}{r} 48 \\ \times\ 26 \\ \hline \end{array}$$

(9)

$$\begin{array}{r} 29 \\ \times\ 83 \\ \hline \end{array}$$

(10)

$$\begin{array}{r} 35 \\ \times\ 72 \\ \hline \end{array}$$

(11)

$$\begin{array}{r} 24 \\ \times\ 84 \\ \hline \end{array}$$

(12)

$$\begin{array}{r} 43 \\ \times\ 53 \\ \hline \end{array}$$

(13)

$$\begin{array}{r} 62 \\ \times\ 44 \\ \hline \end{array}$$

(14)

$$\begin{array}{r} 38 \\ \times\ 73 \\ \hline \end{array}$$

(15)

$$\begin{array}{r} 70 \\ \times\ 85 \\ \hline \end{array}$$

(16)

$$\begin{array}{r} 90 \\ \times\ 89 \\ \hline \end{array}$$

(17)

$$\begin{array}{r} 75 \\ \times\ 46 \\ \hline \end{array}$$

(18)

$$\begin{array}{r} 67 \\ \times\ 58 \\ \hline \end{array}$$

(19)

$$\begin{array}{r} 94 \\ \times\ 76 \\ \hline \end{array}$$

 42차시 (두 자리 수)×(두 자리 수) 2

○ 곱셈을 하시오.

(1)
$$\begin{array}{r} 8\,3 \\ \times\,6\,9 \\ \hline \end{array}$$

(2)
$$\begin{array}{r} 7\,9 \\ \times\,3\,8 \\ \hline \end{array}$$

(3)
$$\begin{array}{r} 8\,9 \\ \times\,7\,9 \\ \hline \end{array}$$

(4)
$$\begin{array}{r} 2\,6 \\ \times\,7\,7 \\ \hline \end{array}$$

(5)
$$\begin{array}{r} 5\,2 \\ \times\,3\,1 \\ \hline \end{array}$$

(6)
$$\begin{array}{r} 8\,4 \\ \times\,2\,1 \\ \hline \end{array}$$

(7)
$$\begin{array}{r} 3\,2 \\ \times\,4\,3 \\ \hline \end{array}$$

(8)
$$\begin{array}{r} 3\,1 \\ \times\,9\,2 \\ \hline \end{array}$$

(9)
$$\begin{array}{r} 4\,2 \\ \times\,3\,4 \\ \hline \end{array}$$

(10)
$$\begin{array}{r} 9\,3 \\ \times\,3\,2 \\ \hline \end{array}$$

(11)
$$\begin{array}{r} 9\,1 \\ \times\,8\,9 \\ \hline \end{array}$$

(12)
$$\begin{array}{r} 7\,2 \\ \times\,3\,6 \\ \hline \end{array}$$

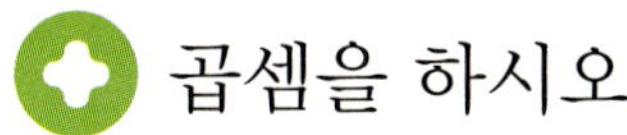

곱셈을 하시오.

(13)
$$\begin{array}{r} 4\,2 \\ \times\ 4\,3 \\ \hline \end{array}$$

(14)
$$\begin{array}{r} 5\,2 \\ \times\ 3\,2 \\ \hline \end{array}$$

(15)
$$\begin{array}{r} 6\,1 \\ \times\ 8\,5 \\ \hline \end{array}$$

(16)
$$\begin{array}{r} 8\,4 \\ \times\ 2\,2 \\ \hline \end{array}$$

(17)
$$\begin{array}{r} 6\,3 \\ \times\ 2\,3 \\ \hline \end{array}$$

(18)
$$\begin{array}{r} 4\,3 \\ \times\ 5\,2 \\ \hline \end{array}$$

(19)
$$\begin{array}{r} 5\,6 \\ \times\ 4\,1 \\ \hline \end{array}$$

(20)
$$\begin{array}{r} 2\,3 \\ \times\ 9\,3 \\ \hline \end{array}$$

(21)
$$\begin{array}{r} 7\,5 \\ \times\ 3\,2 \\ \hline \end{array}$$

(22)
$$\begin{array}{r} 3\,4 \\ \times\ 6\,2 \\ \hline \end{array}$$

(23)
$$\begin{array}{r} 9\,2 \\ \times\ 1\,8 \\ \hline \end{array}$$

(24)
$$\begin{array}{r} 8\,7 \\ \times\ 3\,7 \\ \hline \end{array}$$

  43차시 (두 자리 수)×(두 자리 수) 2 　1단계 

✿ 가로셈을 세로셈으로 고쳐 계산하시오.

(1) 56×35

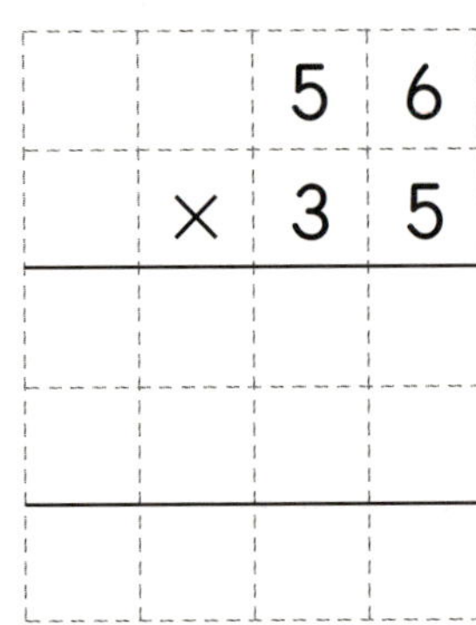

(2) 49×38

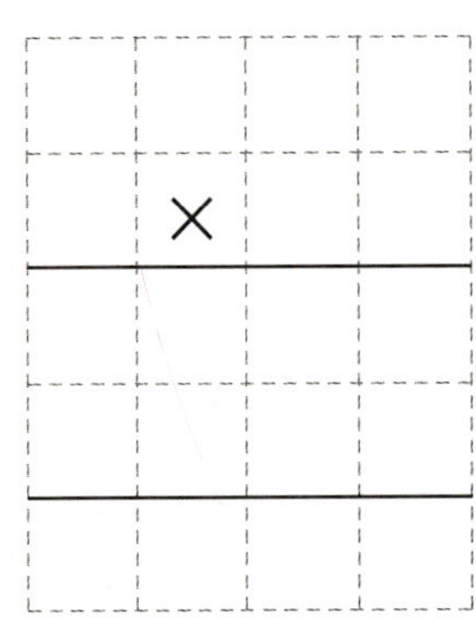

(3) 45×37

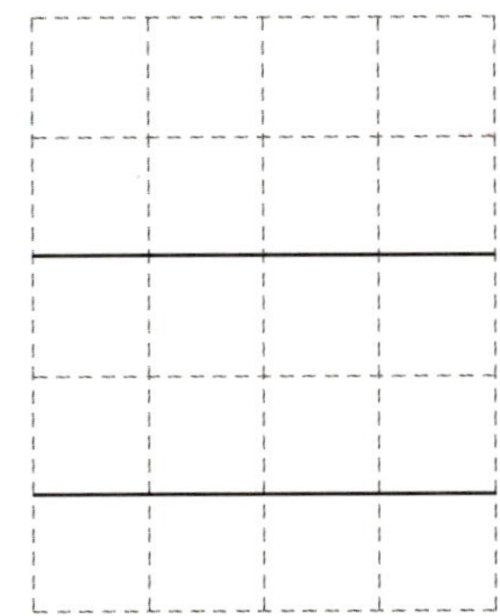

(4) 38×59

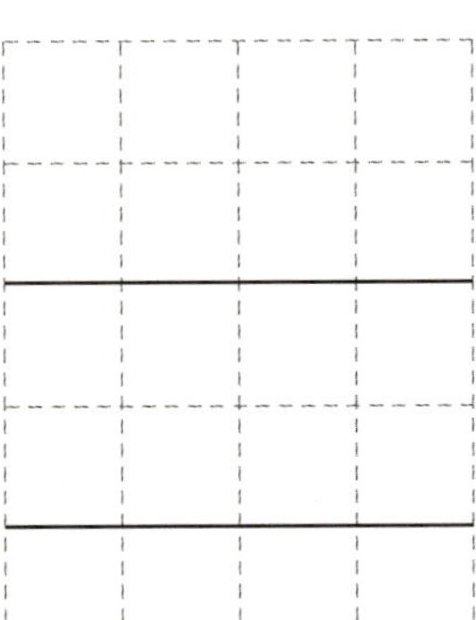

(5) 36×82

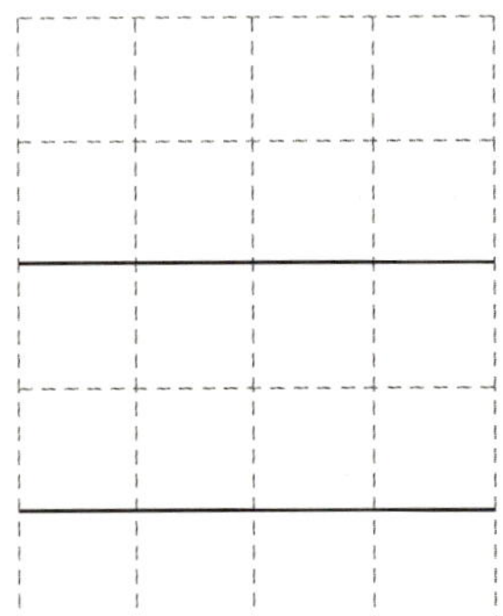

(6) 26×73

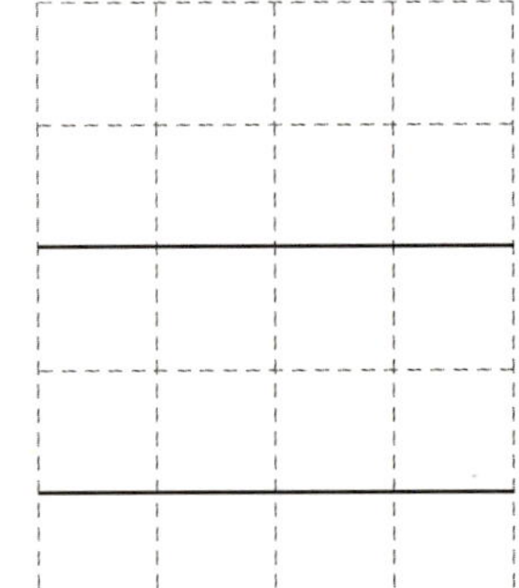

꼭꼭 가로셈을 세로셈으로 고쳐 계산할 때에는 자리를 맞추어 쓰고 일의 자리, 십의 자리의 순서로 계산합니다.

✚ 가로셈을 세로셈으로 고쳐 계산하시오.

(7)　47×36

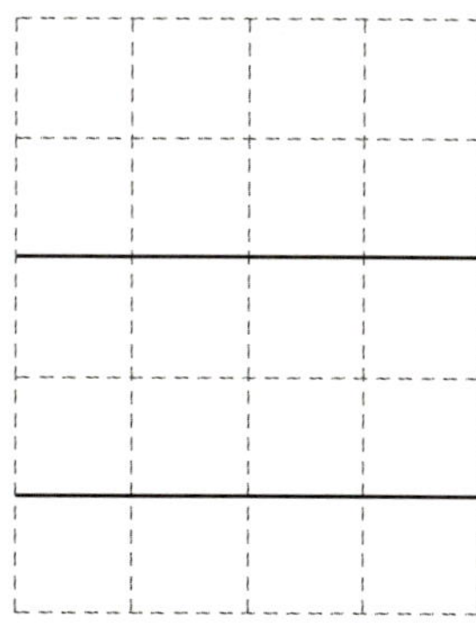

(8)　26×75

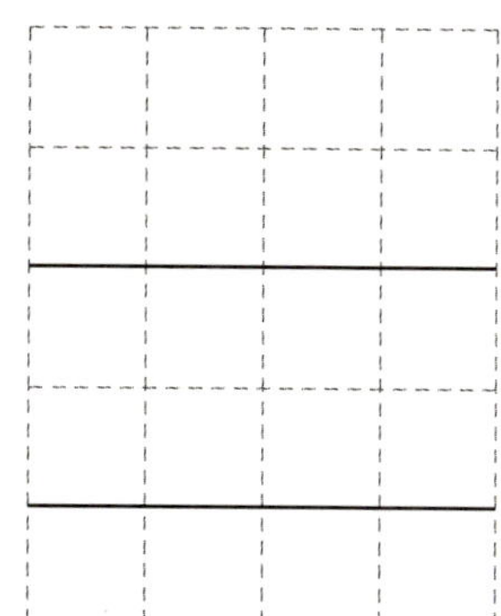

(9)　95×62

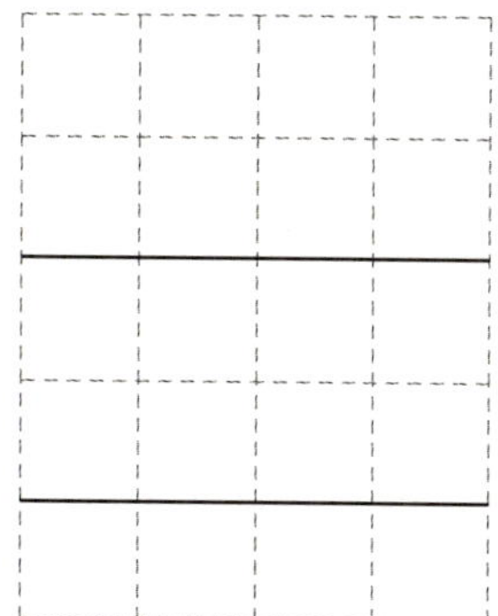

(10)　46×84

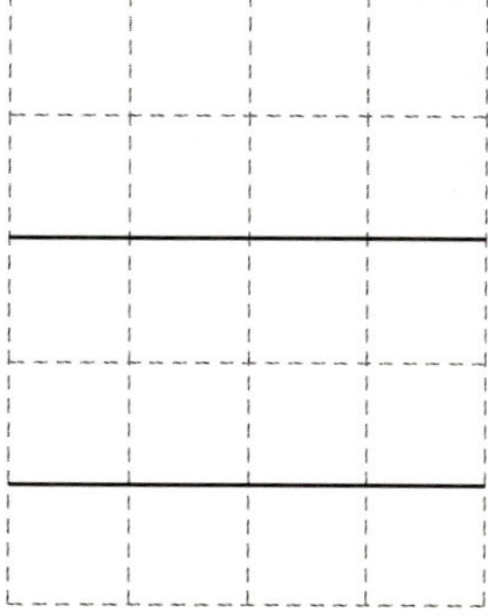

(11)　87×92

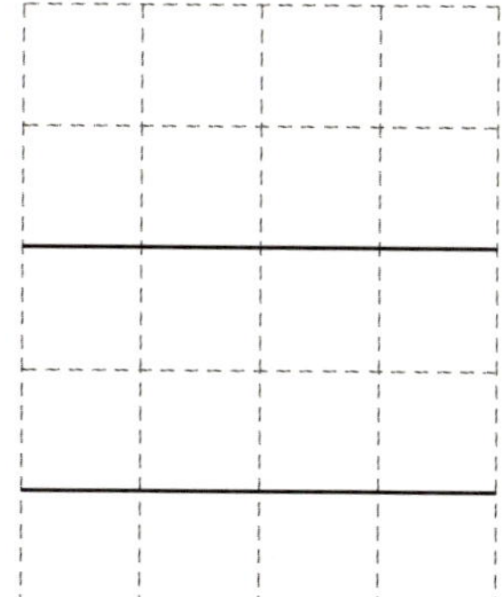

(12)　98×53

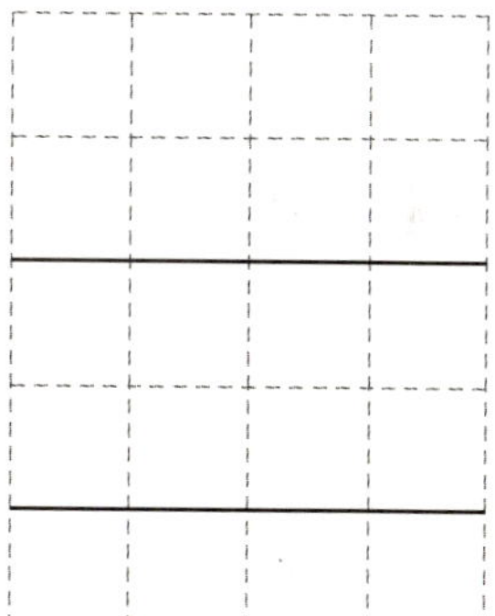

(13)　54×76

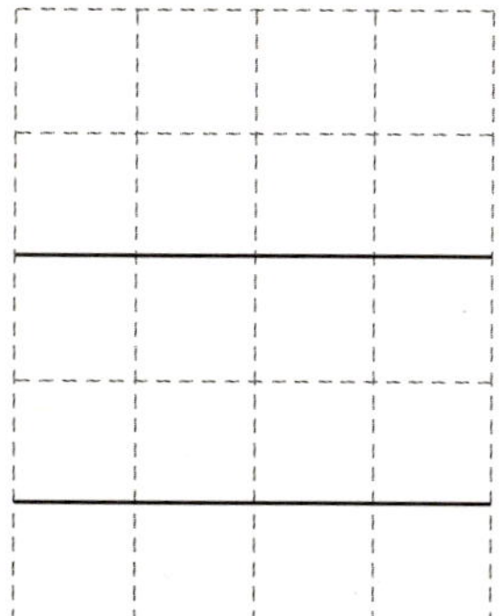

(14)　79×63

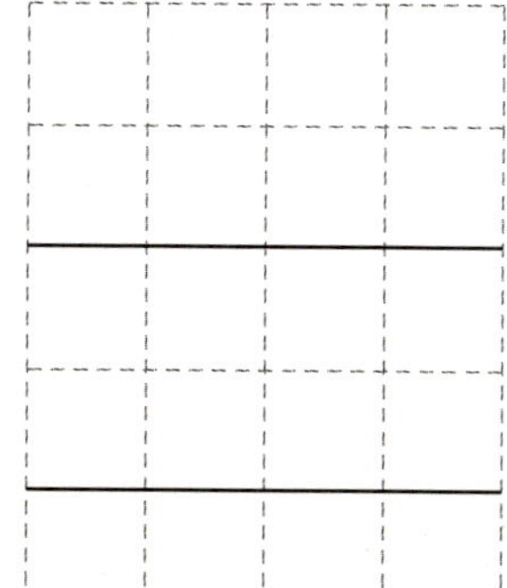

(15)　84×35

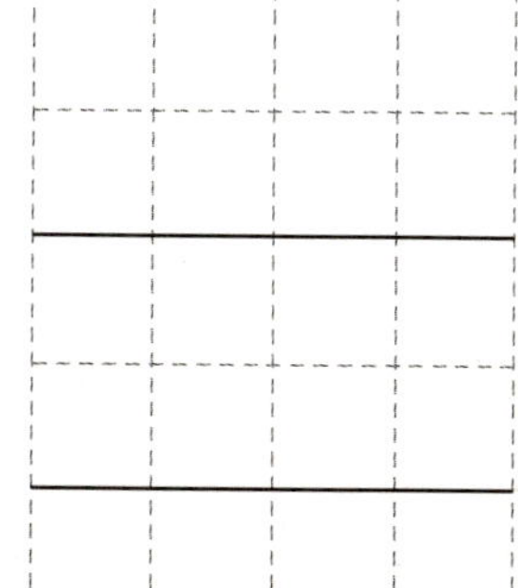

44차시 (두 자리 수)×(두 자리 수) 2

 가로셈을 세로셈으로 고쳐 계산하시오.

(1) 36×69

(2) 89×67

(3) 68×98

(4) 78×77

(5) 45×97

(6) 74×74

(7) 39×88

(8) 56×99

(9) 69×83

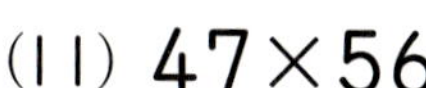 가로셈을 세로셈으로 고쳐 계산하시오.

(10) 56×24　　　　(11) 47×56　　　　(12) 92×48

(13) 52×53　　　　(14) 48×87　　　　(15) 74×49

(16) 68×96　　　　(17) 51×79　　　　(18) 79×68

45 차시 (두 자리 수) × (두 자리 수) 2

2단계

 빈칸에 알맞은 수를 써넣으시오.

×	63	34
43	2709	
54		

×	95	66
32		
21		

×	36	74
24		
51		

×	45	82
36		
85		

꼭꼭 가로줄과 세로줄에 있는 두 수의 곱을 구하여 빈칸에 씁니다.
올림이 있는 곱셈은 세로 형식으로 계산하면 편리합니다.

● 빈칸에 알맞은 수를 써넣으시오.

×	36	53
38		
51		
69		
37		
46		

×	69	44
43		
56		
61		
82		
74		

➕ 빈칸에 알맞은 수를 써넣으시오.

×	78	54
46		
77		

×	45	65
25		
31		

×	34	69
51		
45		
39		

×	83	42
29		
37		
63		

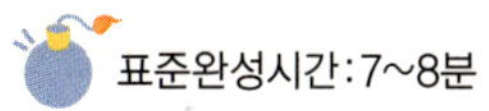

빈칸에 알맞은 수를 써넣으시오.

×	52	47	95	64
66				
82				

×	34	78	29	83
49				
73				

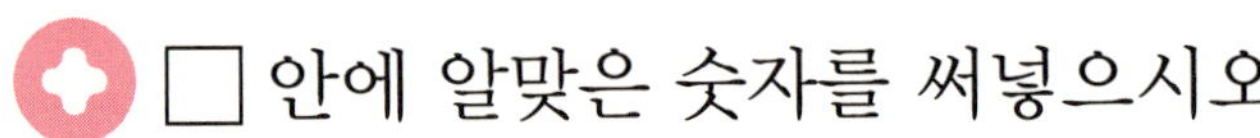

♣ □ 안에 알맞은 숫자를 써넣으시오.

(1)

```
        □ 7
    ×   4 3
    ─────────
        □ 1
  1 0 8
  ─────────
  1 1 6 1
```

7×4=28
□×4+2=10
→ □ 안의 수는 2

□+8=16
→ □ 안의 수는 8

(2)

```
        □ 0
    ×   6 8
    ─────────
      □   0
  3 0 0
  ─────────
  3 □   0
```

(3)

```
        □ 3
    ×   4 6
    ─────────
      4 □ 8
  2 □   2
  ─────────
  3 3 5 8
```

3×6=18
□×6+1=4○
→ □ 안의 수는 7 또는 8
3×4=12
□×4+1=2○
→ □ 안의 수는 5 또는 6
　또는 7
→ □ 안의 수는 7
□+2=5
→ □ 안의 수는 3
4+□=13
→ □ 안의 수는 9

(4)

```
        9 □
    ×   4 2
    ─────────
      1 □ 2
  □ 8 4
  ─────────
  □ 0 3 2
```

(5)

```
        □ 3
    ×   4 7
    ─────────
      □ □ 1
  2 1 2
  ─────────
  2 4 9 1
```

(6)

```
        □ 9
    ×   2 5
    ─────────
      □ □ 5
  1 3 8
  ─────────
  1 7 2 5
```

꼭꼭　계산 순서를 생각하여 □ 안에 알맞은 숫자를 구해 봅니다. □ 안에 알맞은 숫자가 여러 개인 경우에는 각 경우에 대해 모두 생각해 봅니다.

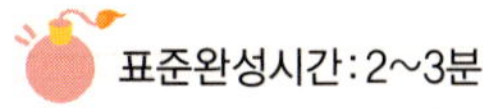

□ 안에 알맞은 숫자를 써넣으시오.

(7)

```
        □ 7
    ×   9 7
    ─────────
      2 □ 9
    3 □ 3
    ─────────
    3 5 8 9
```

(8)

```
        □ 9
    ×   6 7
    ─────────
      2 □ 3
    1 □ 4
    ─────────
    1 9 4 3
```

(9)

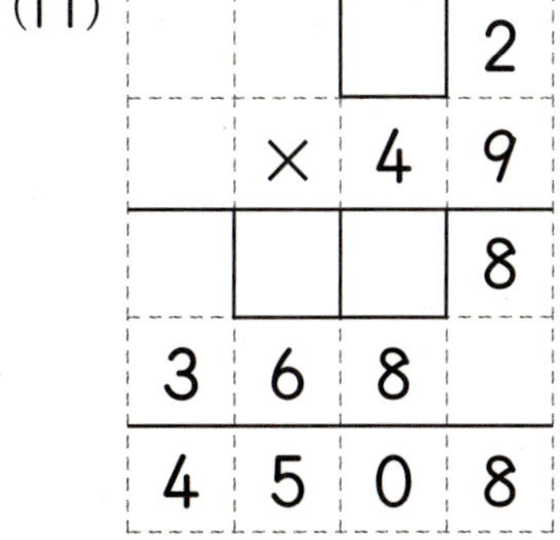

```
      8 □
    × 3 5
    ─────────
    4 □ 5
  □ 4 9
    ─────────
  □ 9 0 5
```

(10)

```
      6 □
    × 7 8
    ─────────
    5 □ 0
  □ 5 5
    ─────────
  □ 0 7 0
```

(11)

```
        □ 2
    ×   4 9
    ─────────
    □ □ 8
    3 6 8
    ─────────
    4 5 0 8
```

(12)

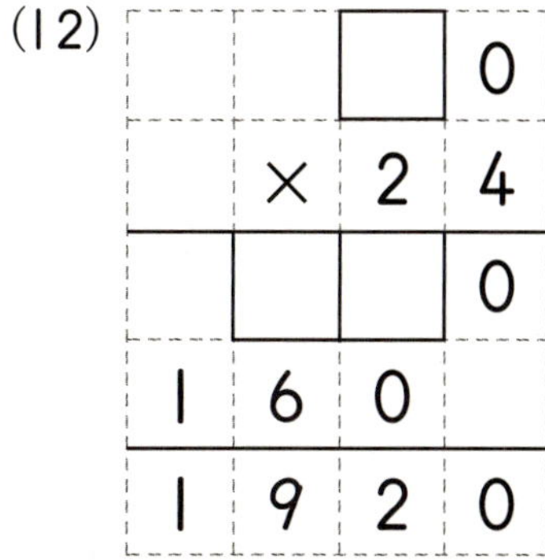

```
        □ 0
    ×   2 4
    ─────────
    □ □ 0
  1 6 0
    ─────────
  1 9 2 0
```

○ ☐ 안에 알맞은 숫자를 써넣으시오.

(1)
```
      7 □
  ×  □ 4
  □  1 6
  3 9 5
4 2 6 6
```

(2)
```
      3 □
  × □ 2
  □   4
1 4 8
1 5 5 4
```

(3)
```
    □ 2
  × 1 □
  6 5 6
  □ 2
1 4 7 6
```

(4)
```
    □ 9
  × 5 □
  3 4 3
2 □ 5
2 7 9 3
```

(5)
```
    □ 6
  × □ 8
  2 □ 8
3 2 4
3 5 2 8
```

(6)
```
    □ 5
  × □ 7
  5 □ 5
3 4 0
3 9 9 5
```

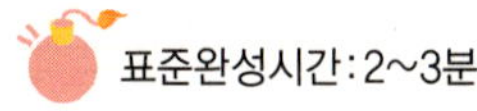

✿ □ 안에 알맞은 숫자를 써넣으시오.

(7)

			3
	×		1
			3
4	4		
4	4	7	3

(8)

			8
	×		5
	2		0
2	9		
3	1	9	0

(9)

		5	
	×		2
		1	8
	5	4	
3	6	5	8

(10)

		7	
	×		7
		9	0
	3	0	
6	7	9	0

(11)

		7	
	×		8
		9	2
2	9		
3	5	5	

(12)

		9	
	×		9
		5	5
2	8		
3	7	0	

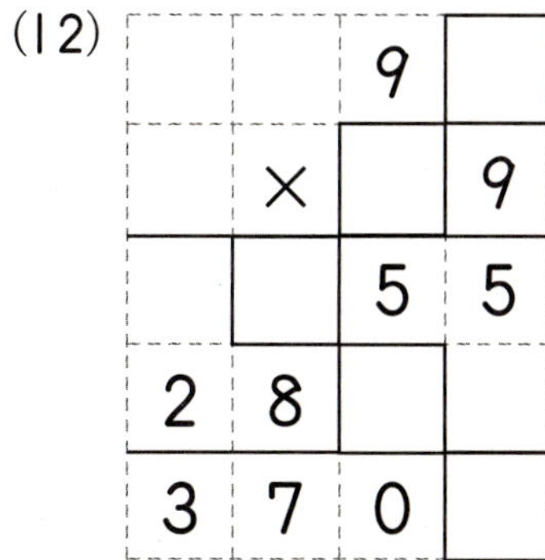

 계산을 하시오.

(1)
$$\begin{array}{r} 8\ 9\ 2 \\ \times\qquad 3 \\ \hline \end{array}$$

(2)
$$\begin{array}{r} 9\ 9\ 3 \\ \times\qquad 2 \\ \hline \end{array}$$

(3)
$$\begin{array}{r} 7\ 8\ 3 \\ \times\qquad 3 \\ \hline \end{array}$$

(4)
$$\begin{array}{r} 8\ 3\ 4 \\ \times\qquad 6 \\ \hline \end{array}$$

(5)
$$\begin{array}{r} 5\ 9\ 3 \\ \times\qquad 4 \\ \hline \end{array}$$

(6)
$$\begin{array}{r} 3\ 2\ 7 \\ \times\qquad 7 \\ \hline \end{array}$$

(7)
$$\begin{array}{r} 4\ 8\ 0 \\ \times\qquad 6 \\ \hline \end{array}$$

(8)
$$\begin{array}{r} 3\ 5\ 0 \\ \times\qquad 8 \\ \hline \end{array}$$

(9)
$$\begin{array}{r} 7\ 6\ 1 \\ \times\qquad 3 \\ \hline \end{array}$$

(10)
$$\begin{array}{r} 4\ 9\ 6 \\ \times\qquad 4 \\ \hline \end{array}$$

(11)
$$\begin{array}{r} 5\ 2\ 3 \\ \times\qquad 6 \\ \hline \end{array}$$

(12)
$$\begin{array}{r} 8\ 4\ 5 \\ \times\qquad 5 \\ \hline \end{array}$$

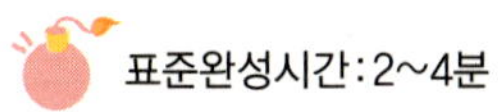

틀린 개수	0~1	2~4	5~9	10개 이상
평가	아주 잘함	잘함	보통	노력 바람

채점을 하고, 틀린 개수에 맞게 ○하세요.

(13)
$$\begin{array}{r} 2 \\ \times\ 9\ 4 \\ \hline \end{array}$$

(14)
$$\begin{array}{r} 3 \\ \times\ 4\ 3 \\ \hline \end{array}$$

(15)
$$\begin{array}{r} 6 \\ \times\ 5\ 2 \\ \hline \end{array}$$

(16)
$$\begin{array}{r} 2 \\ \times\ 8\ 5 \\ \hline \end{array}$$

(17)
$$\begin{array}{r} 3 \\ \times\ 7\ 3 \\ \hline \end{array}$$

(18)
$$\begin{array}{r} 4 \\ \times\ 4\ 6 \\ \hline \end{array}$$

(19)
$$\begin{array}{r} 7 \\ \times\ 2\ 4 \\ \hline \end{array}$$

(20)
$$\begin{array}{r} 3 \\ \times\ 6\ 1 \\ \hline \end{array}$$

(21)
$$\begin{array}{r} 8 \\ \times\ 5\ 3 \\ \hline \end{array}$$

(22)
$$\begin{array}{r} 6 \\ \times\ 7\ 4 \\ \hline \end{array}$$

(23)
$$\begin{array}{r} 4 \\ \times\ 6\ 4 \\ \hline \end{array}$$

(24)
$$\begin{array}{r} 8 \\ \times\ 3\ 4 \\ \hline \end{array}$$

(25)　42　× 13

(26)　54　× 12

(27)　21　× 35

(28)　84　× 22

(29)　63　× 23

(30)　43　× 52

(31)　56　× 41

(32)　23　× 93

(33)　75　× 32

(34)　34　× 62

(35)　92　× 18

(36)　87　× 37

정답 및 지도서

자르는 선을 따라 잘라 보관하여, 채점할 때 사용하세요.

1주 (세 자리 수)×(한 자리 수)

지도 방법

① 올림이 있는 (두 자리 수)×(한 자리 수)의 계산 원리를 바탕으로 (세 자리 수)×(한 자리 수)를 배우게 되므로 올림의 의미, 계산 방법 등에 대해 다시 한번 정리하면서 부족한 부분을 보충 확인하도록 합니다.

② 세로셈을 통해 계산 원리를 익히고, 이 과정이 숙달되면 가로셈도 암산으로 능숙하게 해결할 수 있도록 지도합니다.

③ 반복적인 계산식만 풀게 할 경우 지루해하므로 다양한 유형의 문제를 접하게 하면 학습의 효율이 오를 수 있습니다.

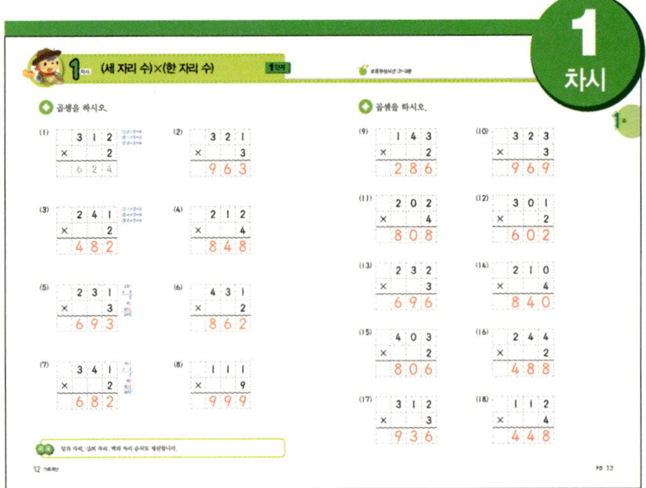

12~13쪽

올림이 없는 (세 자리 수)×(한 자리 수)의 계산입니다. 일의 자리, 십의 자리, 백의 자리 순서로 계산합니다.

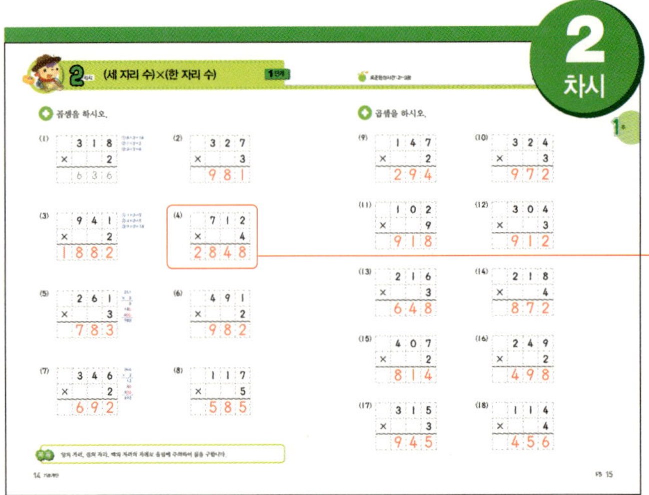

14~15쪽

일의 자리, 십의 자리, 백의 자리의 차례로 올림에 주의하여 곱을 구합니다. 이 때, 백의 자리에서 올림한 수는 천의 자리에 씁니다.

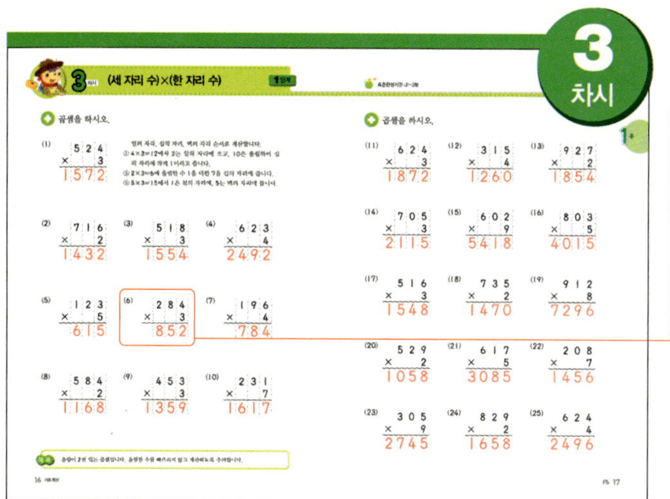

올림이 2번 있는 곱셈입니다. 올림한 수를 빠뜨리지 않고 계산하도록 주의합니다.

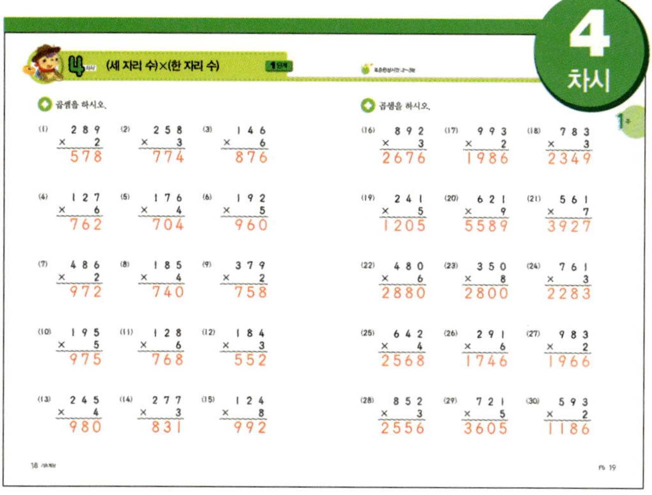

올림한 수를 작게 써서 실수하지 않도록 계산하는 과정이 숙달되면 올림한 수를 쓰지 않고 계산할 수 있도록 합니다.

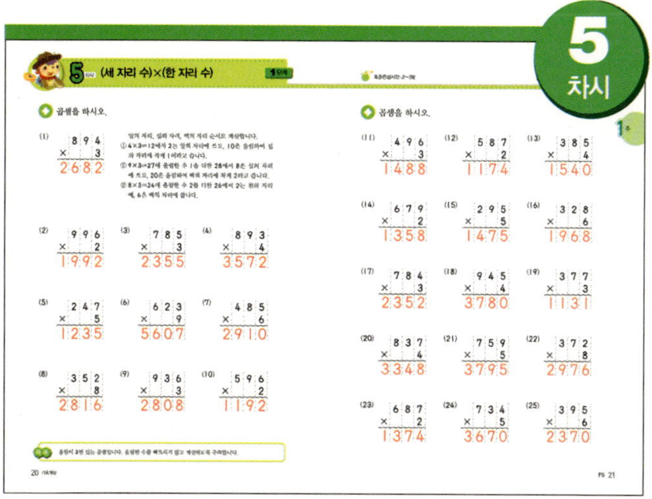

올림이 3번 있는 곱셈입니다. 올림한 수를 빠뜨리지 않고 계산하도록 주의하며 백의 자리에서 올림한 수는 천의 자리에 씁니다.

올림한 수를 쓰지 않고 계산과 동시에 답을 차례로 적을 수 있게 지도합니다. 학생이 자주 틀리거나 어려워하면 앞 단계를 다시 한번 차근차근 풀어보도록 하여 학생에게 자신감을 갖도록 합니다.

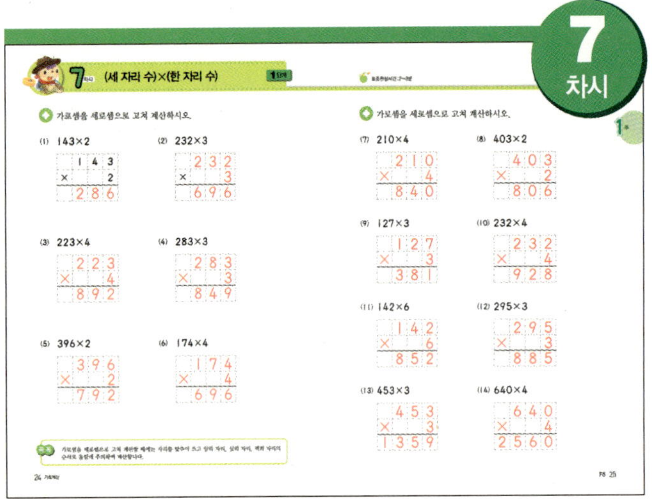

가로셈을 세로셈으로 고쳐 계산할 때에는 자리를 맞추어 쓰고 일의 자리, 십의 자리, 백의 자리의 순서로 올림에 주의하여 계산합니다.

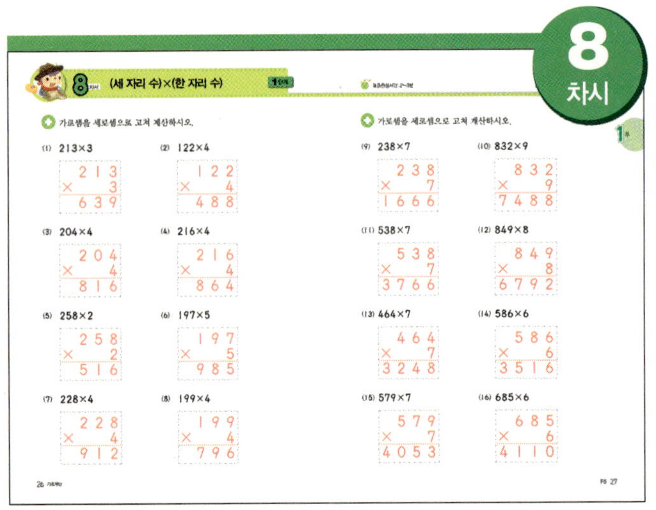

가로셈을 세로셈으로 고쳐서 계산하면 편리합니다.

28~29쪽

가로줄과 세로줄에 있는 두 수의 곱을 구하여 빈칸에 씁니다. 올림이 있는 곱셈은 세로 형식으로 계산하면 편리합니다.

30~31쪽

세로 형식으로 고쳐 풀면 편리하게 계산할 수 있습니다. 익숙해지면 쓰지 않고 계산할 수 있도록 노력합니다.

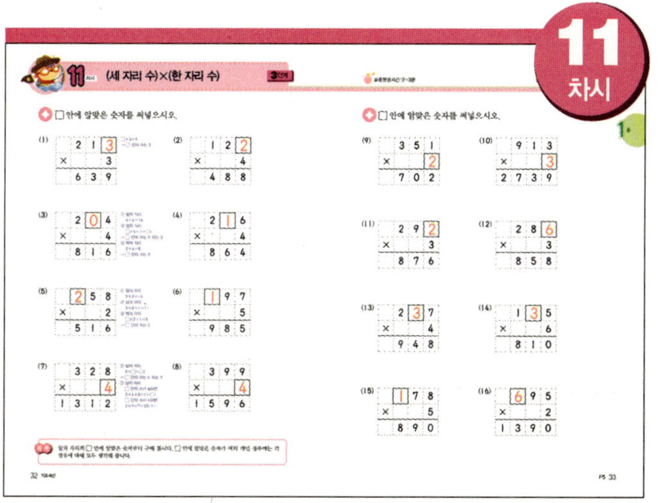

32~33쪽

일의 자리부터 차례로 계산하여 □ 안에 알맞은 수를 구합니다.

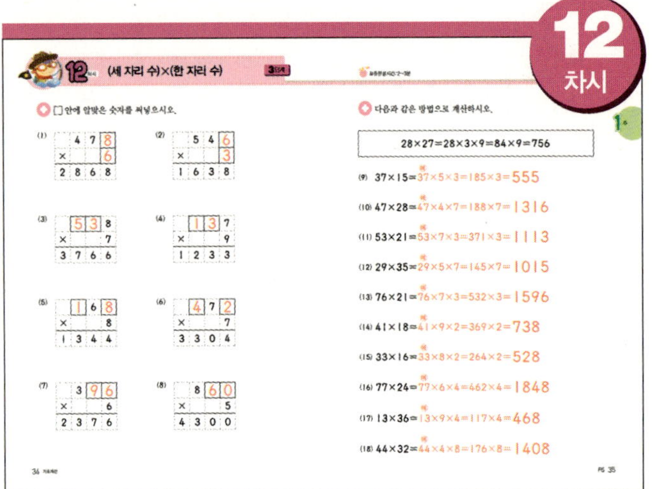

일의 자리 □ 안에 알맞은 숫자부터 차례로 구해 봅니다. □ 안에 알맞은 숫자가 여러 개인 경우도 있는데, 이 때는 각 경우에 대해 모두 생각해 봅니다.

2주 (한 자리 수)×(두 자리 수)

1. 곱한 두 수를 바꾸어 곱해도 값은 변하지 않는 것은 곱셈의 기본 성질이므로 (한 자리 수)×(두 자리 수)의 계산과 (두 자리 수)×(한 자리 수)의 계산이 다르지 않음을 확인시킵니다.
2. 배운 내용을 바탕으로 보다 쉽게 계산 원리와 방법을 이해할 수 있도록 지도합니다.
3. 세로셈으로 계산 방법을 충분히 숙지하도록 하여 가로셈도 세로 형식으로 고치지 않고 계산할 수 있도록 지도합니다.

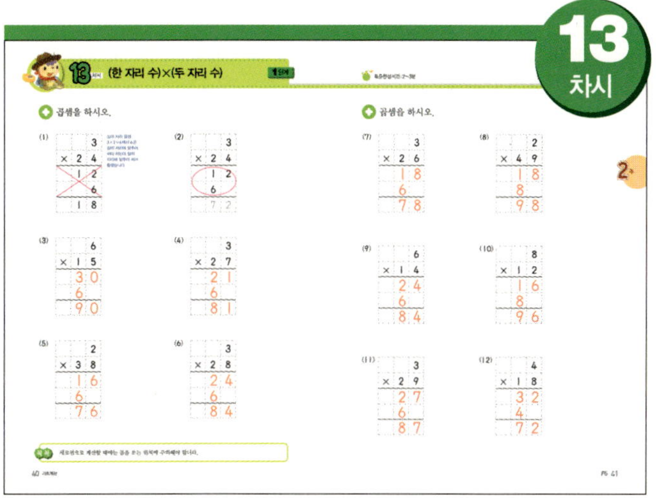

40~41쪽

세로셈으로 계산할 때에는 곱을 쓰는 위치에 주의합니다. 재미있게 학습할 수 있도록 카드에 숫자를 써서 자리에 맞게 놓아보는 것도 좋습니다.

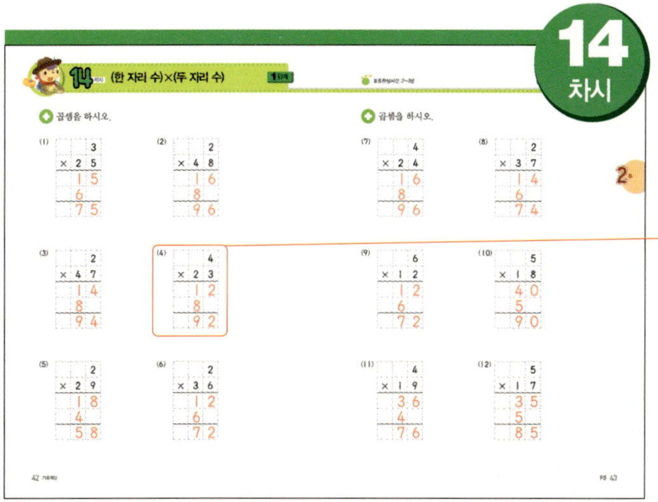

42~43쪽

4×23에서 4×2는 4×20이므로 십의 자리에 8을 씁니다.

정답 및 지도서 F5

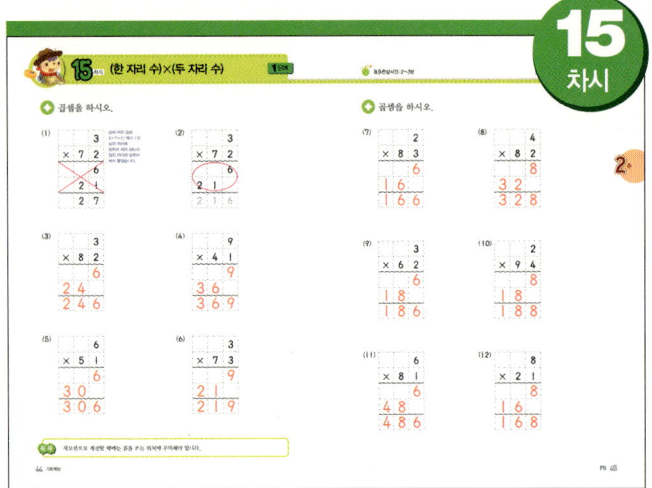

15 차시

44~45쪽

세로셈으로 계산할 때에는 곱을 쓰는 위치에 주의해야 합니다. 십의 자리에서 올림한 수는 백의 자리에 씁니다.

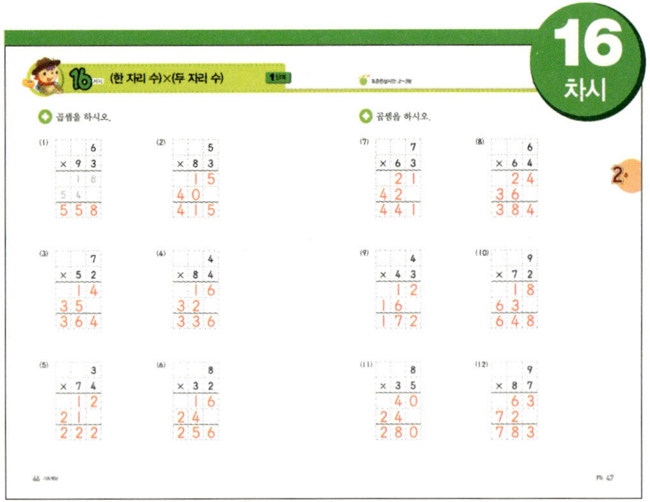

16 차시

46~47쪽

올림이 2번 있는 (한 자리 수)×(두 자리 수)의 계산 원리를 이해하도록 합니다.

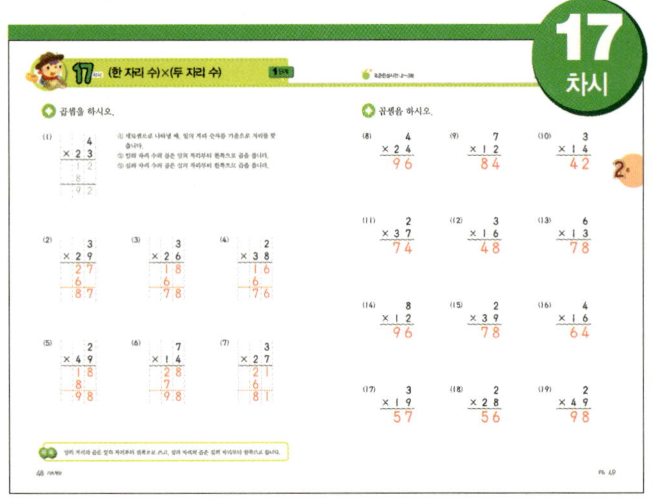

17 차시

48~49쪽

일의 자리의 곱은 일의 자리부터 왼쪽으로 쓰고, 십의 자리의 곱은 십의 자리부터 왼쪽으로 씁니다.

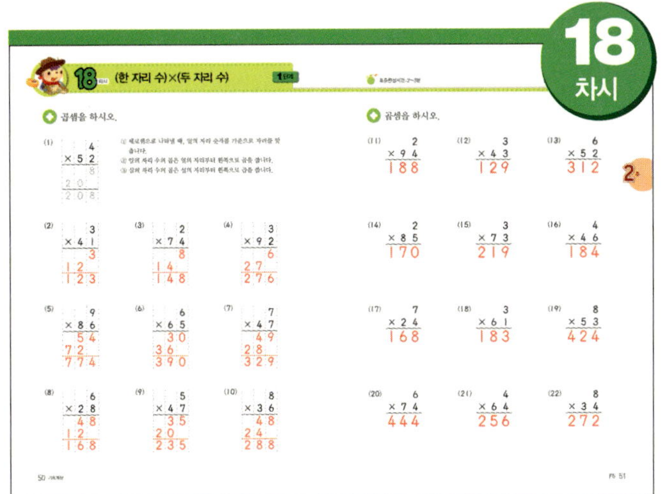

18 차시

일의 자리의 곱과 십의 자리의 곱을 자리에 맞춰 쓴 후 더하여 답을 완성합니다.

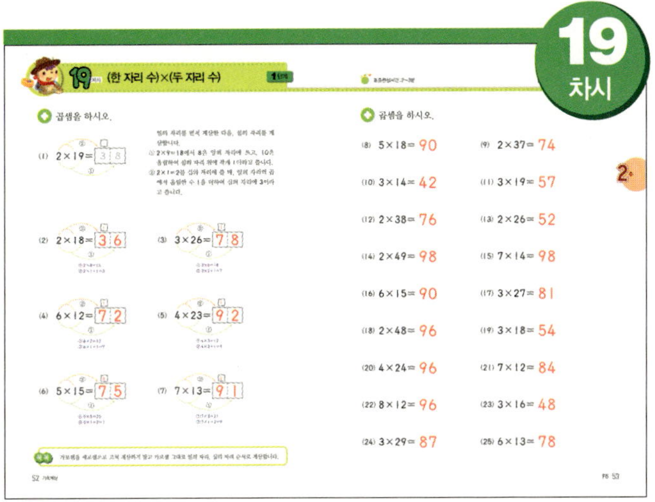

19 차시

가로셈을 세로셈으로 고쳐 계산하지 말고 가로셈 그대로 일의 자리, 십의 자리 순서로 계산합니다.

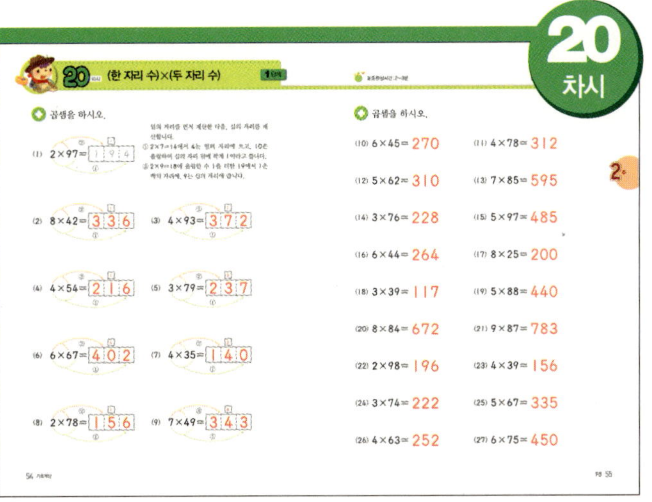

20 차시

일의 자리를 먼저 계산한 다음, 십의 자리를 계산합니다. 올림한 수는 자리에 맞춰 작게 표시해 두고 잊지 않도록 합니다.

21 차시

21 (한 자리 수)×(두 자리 수) 2단계

빈칸에 알맞은 수를 써넣으시오.

×	3	4
23	69	92
14	42	56

×	5	6
35	175	210
27	135	162

×	2	7
24	48	168
51	102	357

×	8	9
43	344	387
62	496	558

빈칸에 알맞은 수를 써넣으시오.

×	2	6
22	44	132
35	70	210
18	36	108
49	98	294
53	106	318

×	4	8
18	72	144
46	184	368
25	100	200
53	212	424
61	244	488

56~57쪽

가로줄과 세로줄에 있는 두 수의 곱을 구하여 빈칸에 씁니다. 올림이 있는 곱셈은 세로 형식으로 계산하면 편리합니다.

22 차시

22 (한 자리 수)×(두 자리 수) 2단계

빈칸에 알맞은 수를 써넣으시오.

×	8	3
25	200	75
19	152	57

×	6	5
41	246	205
27	162	135

×	7	4
61	427	244
15	105	60
36	252	144

×	2	9
54	108	486
48	96	432
27	54	243

빈칸에 알맞은 수를 써넣으시오.

×	6	3	8	9
46	276	138	368	414
68	408	204	544	612

×	2	4	5	7
97	194	388	485	679
74	148	296	370	518

58~59쪽

가로의 수에 세로의 수를 곱하여 곱을 써넣습니다. 가능한 세로셈을 쓰지 않고 암산으로 계산할 수 있도록 합니다.

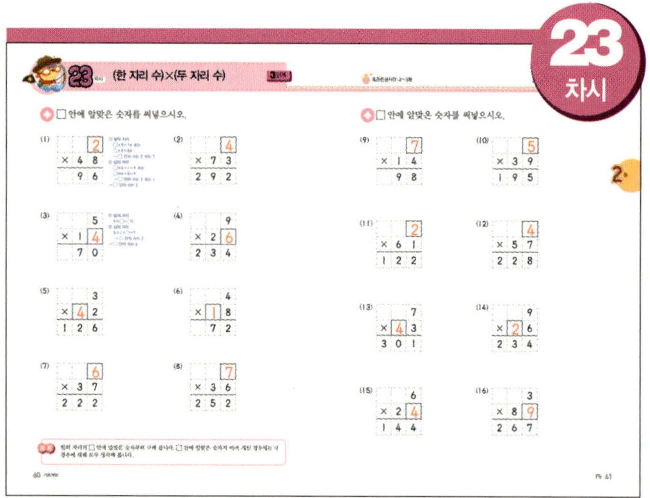

23 차시

23 (한 자리 수)×(두 자리 수) 3단계

□ 안에 알맞은 숫자를 써넣으시오.

(1) $[2] \times 48 = 96$
(2) $[4] \times 73 = 292$
(3) $5 \times 1[4] = 70$
(4) $9 \times 2[6] = 234$
(5) $3 \times [4]2 = 126$
(6) $4 \times [1]8 = 72$
(7) $[6] \times 37 = 222$
(8) $[7] \times 36 = 252$

□ 안에 알맞은 숫자를 써넣으시오.

(9) $[7] \times 14 = 98$
(10) $[5] \times 39 = 195$
(11) $[2] \times 61 = 122$
(12) $[4] \times 57 = 228$
(13) $7 \times [4]3 = 301$
(14) $9 \times [2]6 = 234$
(15) $6 \times 2[4] = 144$
(16) $3 \times 8[9] = 267$

60~61쪽

일의 자리의 □ 안에 알맞은 숫자를 구해 봅니다. □ 안에 알맞은 숫자가 여러 개인 경우도 있는데, 이때는 각 경우에 대해 모두 생각해 봅니다.

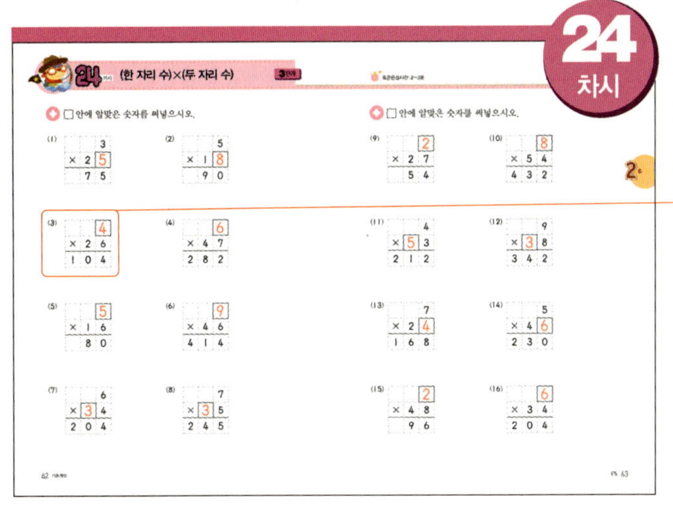

체크 포인트

① 올림이 있는 (세 자리 수)×(한 자리 수), 올림이 있는 (한 자리 수)×(두 자리 수)의 학습과 이에 대한 채점, 지도가 끝나면 체크된 그래프를 보며 아이의 성취도를 평가해 주세요.

② 그래프의 점수가 낮은 부분에 대한 학습을 반복해 주세요. 주어진 문제에 대해 능숙하게 계산할 수 있어야 합니다.

③ 아이가 학습에 대한 부담감을 갖고 있는지, 올림이 있는 곱셈에 대한 부담감을 갖고 있는지 정확히 확인한 다음, 아이의 상황에 맞는 지도를 해 주세요.

④ 학습에 대한 부담감을 가지고 있으면 하루의 학습 분량을 체크한 다음, 아이가 원하는 분량부터 시작해서 점점 늘려나가 주세요.

⑤ 올림이 있는 곱셈에 대한 부담감을 갖고 있다면 세로셈으로 각 자리 수의 곱셈을 모두 써서 계산하는 방법 등 편리한 방법을 찾아 계산하도록 합니다.

3주 (두 자리 수)×(두 자리 수) 1

지도 방법

1. 기본이 되는 (두 자리 수)×(한 자리 수)와 (한 자리 수)×(두 자리 수) 계산을 능숙하게 할 수 있는지 확인하도록 합니다.
2. (두 자리 수)×(두 자리 수)는 곱하여지는 수와 곱하는 수의 일의 자리, 십의 자리 숫자를 차례로 곱하여 더하는 방법으로 계산합니다.
3. 어려워하는 어린이들은 앞 단계로 돌아와 다시 문제를 반복하여 풀도록 합니다.

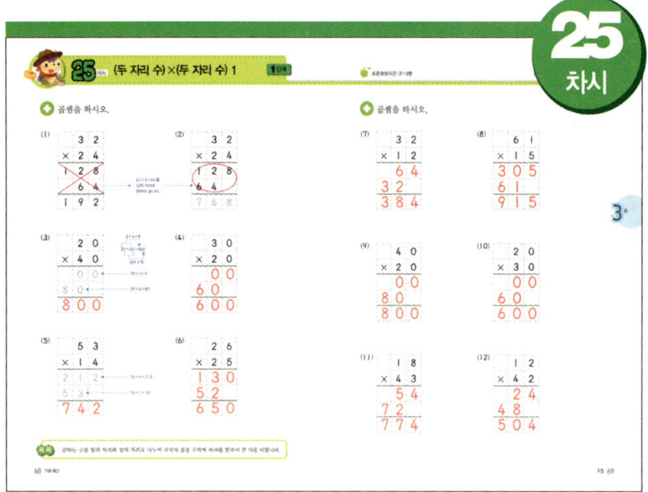

25 차시

68~69쪽

곱하는 수를 일의 자리와 십의 자리로 나누어 각각의 곱을 구하여 자리를 맞추어 쓴 다음 더합니다.

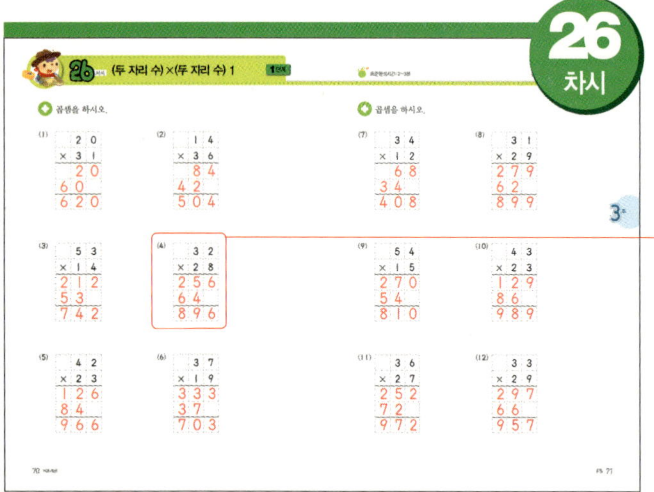

26 차시

70~71쪽

32×8과 32×2를 계산하여 자리를 맞추어 써서 더합니다.

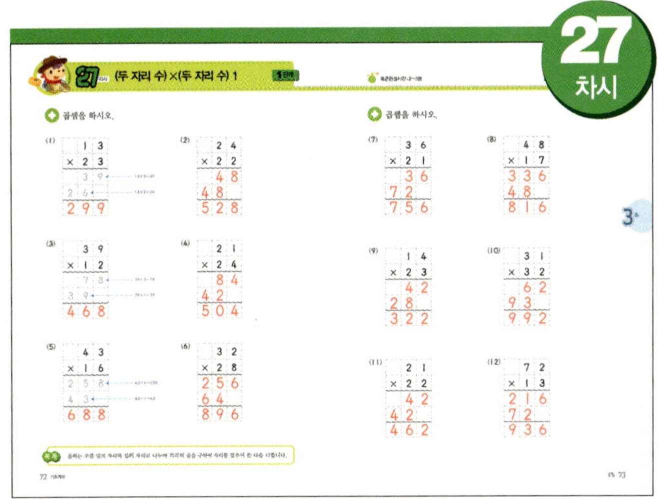

72~73쪽

곱하는 수를 일의 자리와 십의 자리로 나누어 각각의 곱을 구하여 자리를 맞추어 쓴 다음 더합니다.

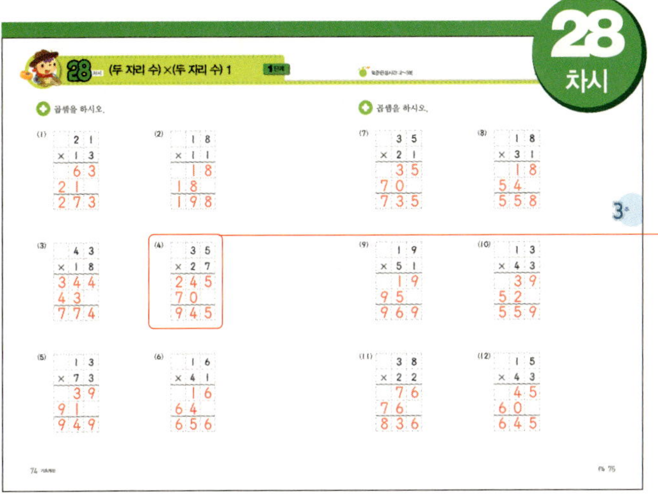

74~75쪽

곱하는 수를 일의 자리와 십의 자리로 나누어 계산합니다.

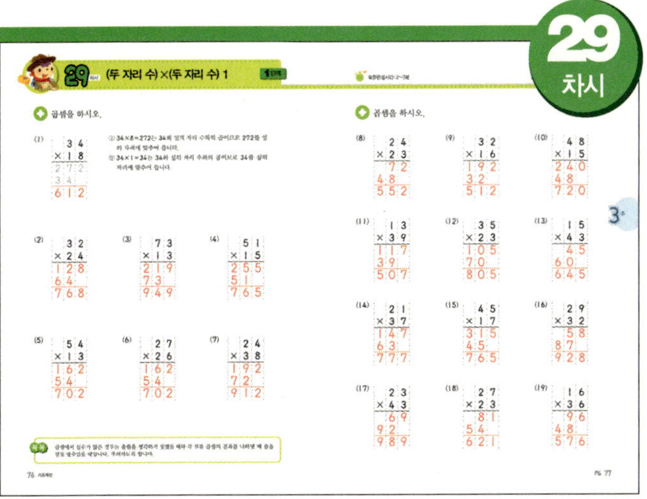

76~77쪽

곱셈에서 실수가 많은 경우는 올림을 생각하지 못했을 때와 각 부분 곱셈의 결과를 나타낼 때 줄을 잘못 맞추었을 때입니다. 주의하도록 합니다.

30차시

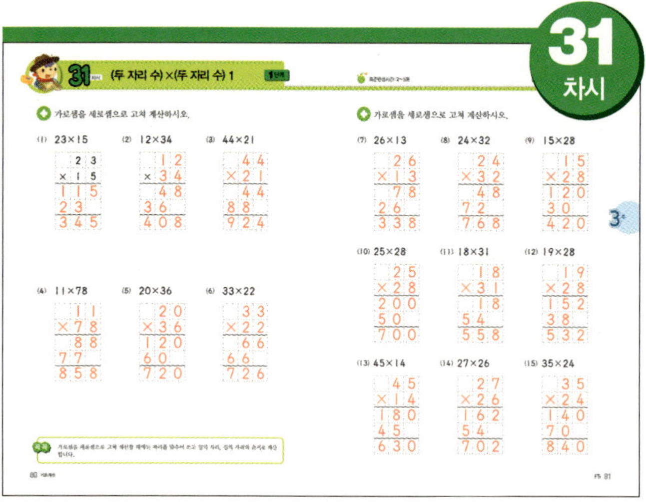

12×46의 곱은 바로 답하기 어려우므로 12×6과 12×4로 자리를 맞추어 쓴 후 더합니다.

31차시

가로셈을 세로셈으로 고쳐 계산할 때에는 자리를 맞추어 쓰고 일의 자리, 십의 자리의 순서로 계산합니다.

32차시

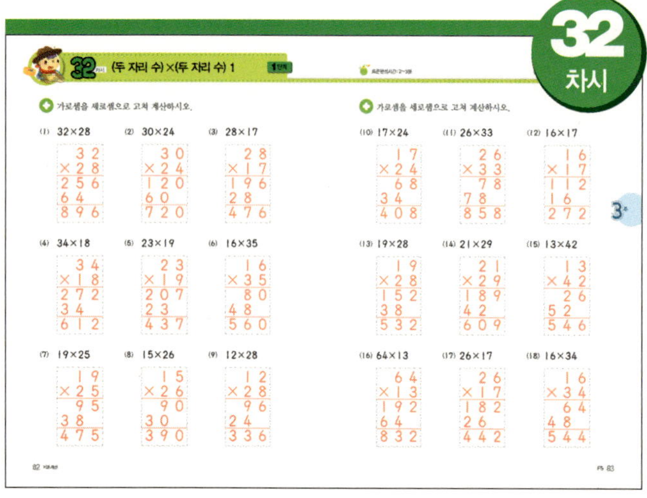

가로셈을 세로셈으로 나타낼 경우 자리를 잘 맞추도록 하고 시간이 부족한 경우에는 시간을 더 주어 학생이 충분히 풀어보도록 합니다.

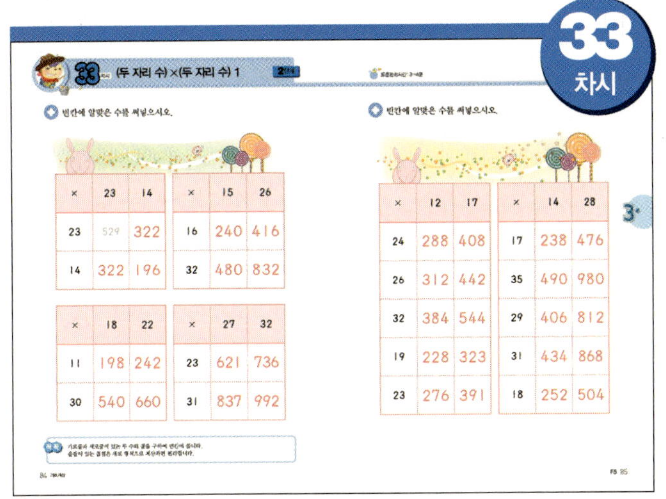

가로줄과 세로줄에 있는 두 수의 곱을 구하여 빈칸에 씁니다. 올림이 있는 곱셈은 세로 형식으로 계산하면 편리합니다.

가로줄과 세로줄에 있는 두 수의 곱을 구합니다. 이때, 학생이 어려워하거나 자주 틀리는 경우에는 주어진 계산량을 줄이고 차근차근 하나씩 풀어보도록 지도합니다.

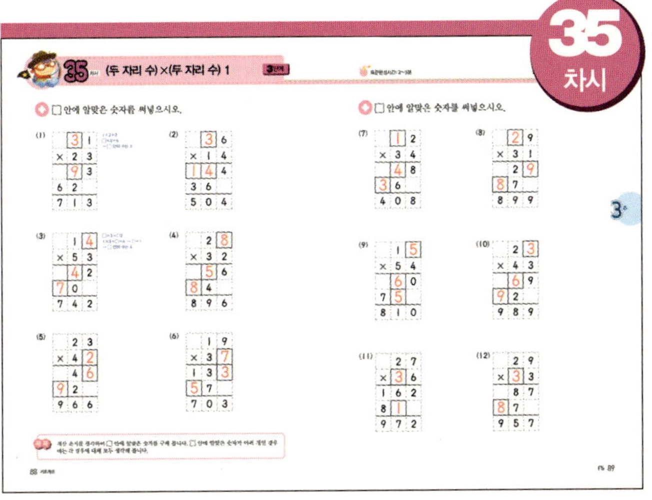

계산 순서를 생각하여 □ 안에 알맞은 숫자를 구해 봅니다. □ 안에 알맞은 숫자가 여러 개인 경우도 있는데, 이때는 각 경우에 대해 모두 생각해 봅니다.

90~91쪽

계산 순서와 올림을 생각하여 □ 안의 수를 구합니다.

4주 (두 자리 수)×(두 자리 수) 2

지도 방법

① (두 자리 수)×(두 자리 수) 1에 대한 학습은 바르게 잘 이루어졌는지 확인한 후 본 단계의 학습을 시작하도록 합니다.

② 세로 형식의 문제로 계산 순서와 방법을 익힙니다. 세로셈이 숙달되면 여러 가지 유형의 문제를 제시하여 학습 내용을 발전시킵니다.

③ 오답이 나올 경우 답만 정정하여 넘어가지 않도록 하며 철저히 오답의 원인을 파악하여 같은 실수를 반복하지 않도록 합니다.

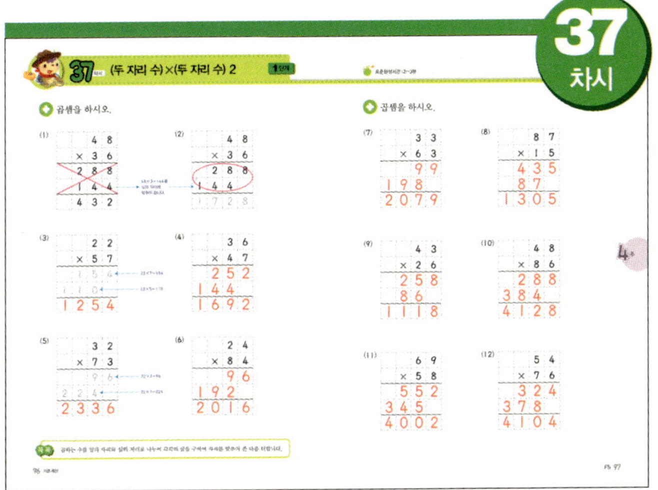

37 차시

96~97쪽

곱하는 수를 일의 자리와 십의 자리로 나누어 각각의 곱을 구하여 자리를 맞추어 쓴 다음 더합니다.

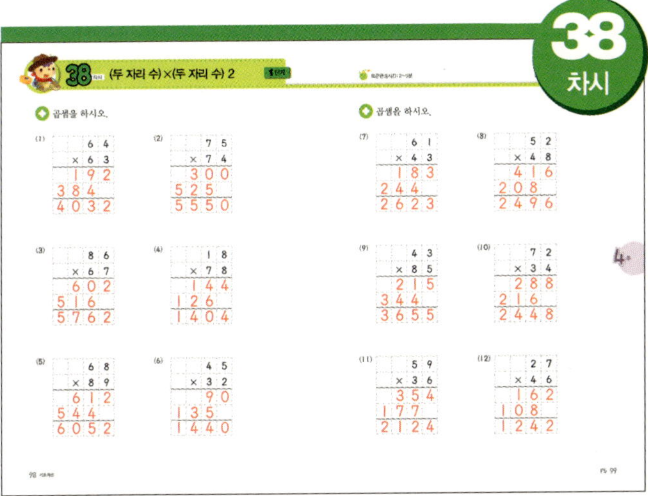

38 차시

98~99쪽

곱하는 수를 일의 자리와 십의 자리로 나누어 곱합니다.

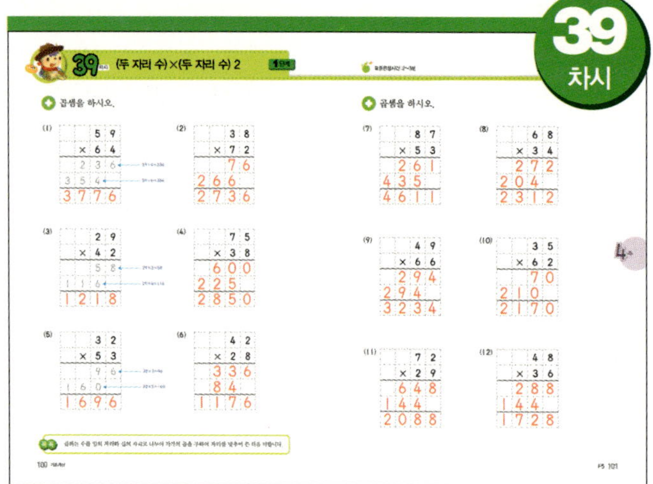

곱하는 수를 일의 자리와 십의 자리로 나누어 각각의 곱을 구하여 자리를 맞추어 쓴 다음 더합니다.

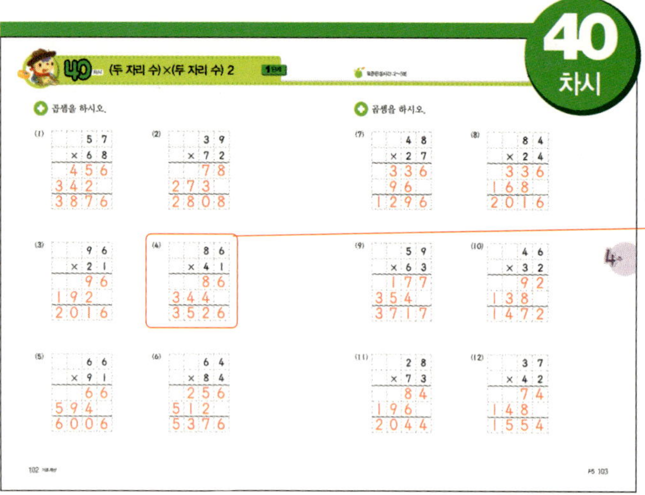

86×4는 실제로 86×40의 계산이므로 곱을 십의 자리부터 왼쪽으로 차례로 씁니다.

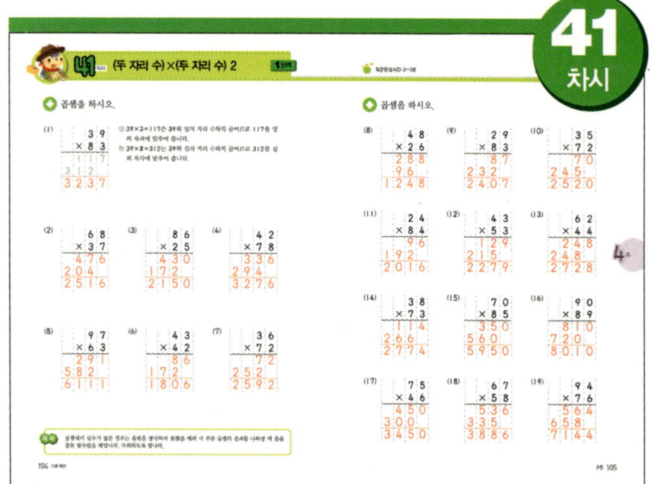

곱셈에서 실수가 많은 경우는 올림을 생각하지 못했을 때와 각 부분 곱셈의 결과를 나타낼 때 줄을 잘못 맞추었을 때입니다. 주의하도록 합니다.

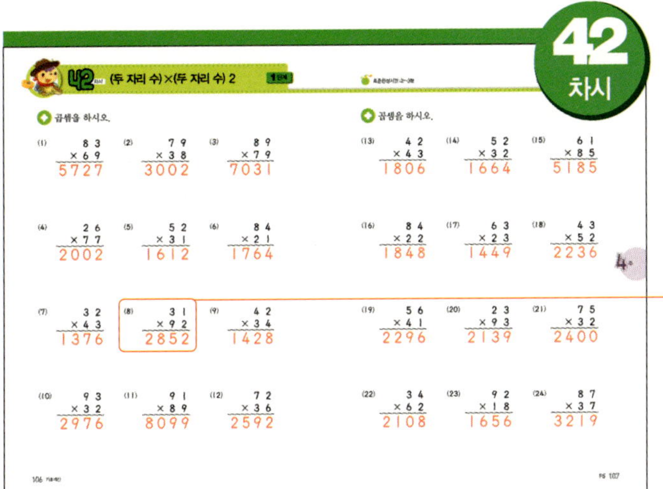

31×2와 31×9를 계산하여 더
한 과정을 써서 계산할 수도 있습
니다.

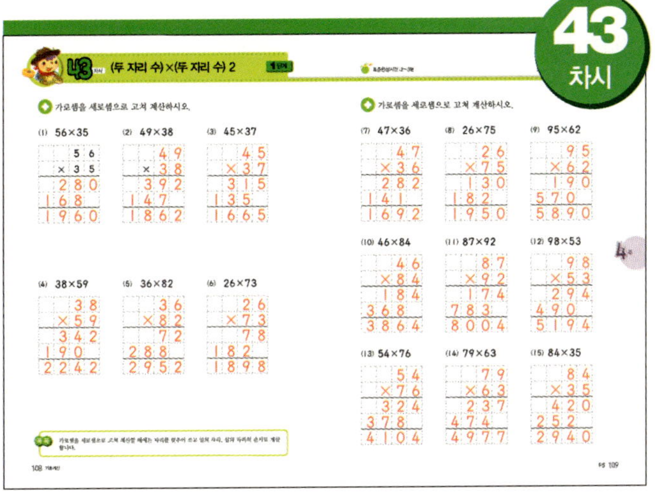

108~109쪽

가로셈을 세로셈으로 고쳐 계산할
때에는 자리를 맞추어 쓰고 일의
자리, 십의 자리의 순서로 계산합
니다.

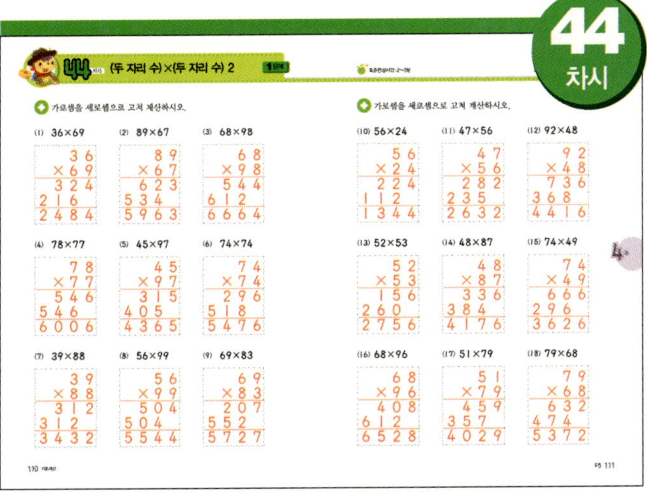

110~111쪽

가로셈을 세로셈으로 고쳐서 계산
하면 보다 편리하게 계산할 수 있
습니다.

45 차시

112~113쪽

가로줄과 세로줄에 있는 두 수의 곱을 구하여 빈칸에 씁니다. 올림이 있는 곱셈은 세로 형식으로 고쳐서 계산하면 편리합니다.

46 차시

114~115쪽

가로줄과 세로줄의 두 수를 곱하여 빈칸을 채웁니다. 아이 능력에 맞게 문제 양을 조절하여 지도합니다.

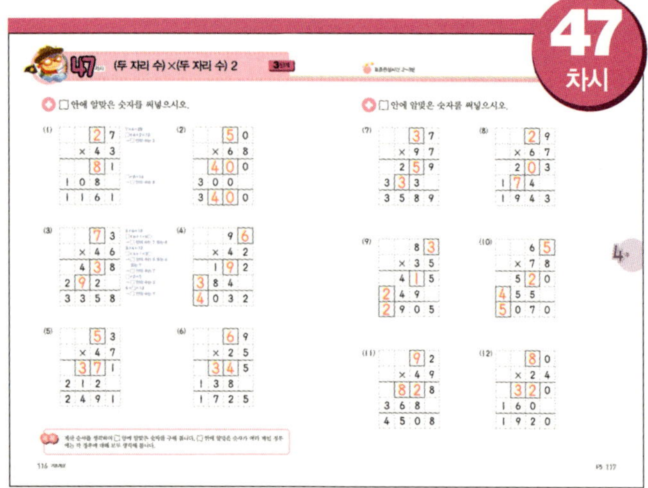

47 차시

116~117쪽

계산 순서를 생각하여 □ 안에 알맞은 숫자를 구해 봅니다. □ 안에 알맞은 숫자가 여러 개인 경우도 있는데, 이 때는 각 경우에 대해 모두 생각해 봅니다.

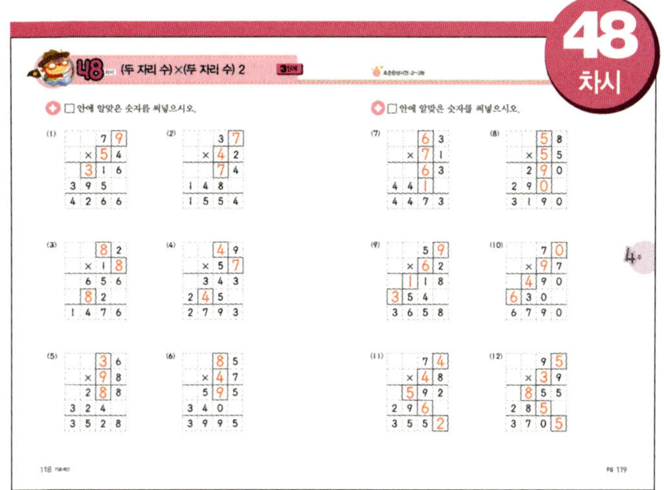

계산 순서를 생각하여 □ 안에 알맞은 숫자를 구해 봅니다. □ 안에 알맞은 숫자가 여러 개인 경우도 있는데 그 중 한 수를 □ 안에 넣어 계산해 봅니다.

체크 포인트

① (두 자리 수)×(두 자리 수)의 학습과 이에 대한 채점, 지도가 끝나면 체크된 그래프를 보며 아이의 성취도를 평가해 주세요.

② 그래프의 점수가 낮은 부분의 학습은 앞 단계의 과정을 반복하여 보충합니다.

③ 아이가 학습에 대한 부담감을 갖고 있는지 올림이 있는 곱하기에 대한 부담감을 갖고 있는지 정확히 확인한 다음, 아이의 상황에 맞는 지도를 해 주세요.

④ 학습에 대한 부담감을 가지고 있으면 하루의 학습 분량을 체크한 다음, 아이가 원하는 분량부터 시작해서 점점 늘려나가 주세요.

⑤ 올림이 있는 곱하기에 대한 부담감이 있다면 편리하고 쉽게 계산하는 방법을 찾아 제시하여 학습 의욕을 돋웁니다.

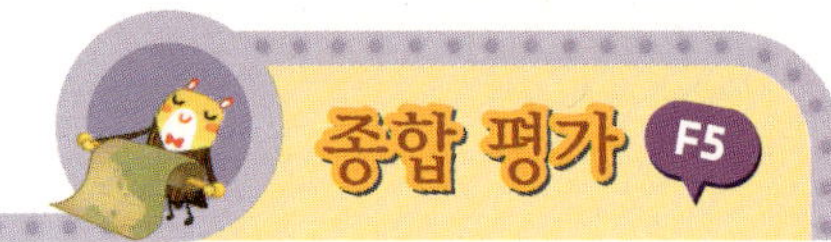

120~122쪽

- 올림이 있는 (세 자리 수)×(한 자리 수)와 (한 자리 수)×(두 자리 수)를 능숙히 계산할 수 있어야 합니다.
- (두 자리 수)×(두 자리 수)의 계산을 통해 학습 성취도를 파악할 수 있습니다. 앞에서 충분히 연습하였으므로 차근차근 계산해 봅니다.

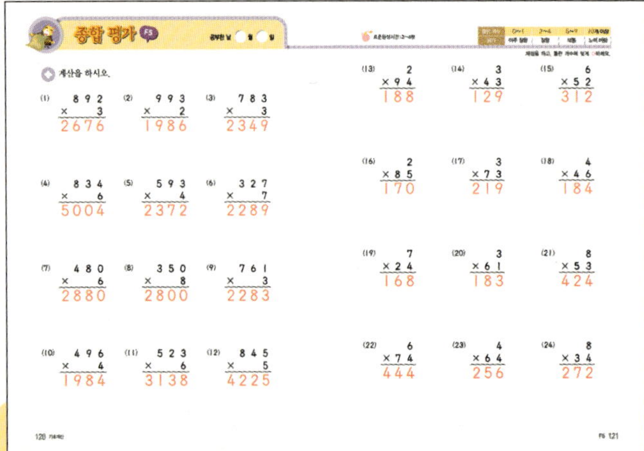

종합 평가 F5

◎ 계산을 하시오.

(1) 892 × 3 = 2676	(2) 993 × 2 = 1986	(3) 783 × 3 = 2349
(4) 834 × 6 = 5004	(5) 593 × 4 = 2372	(6) 327 × 7 = 2289
(7) 480 × 6 = 2880	(8) 350 × 8 = 2800	(9) 761 × 3 = 2283
(10) 496 × 4 = 1984	(11) 523 × 6 = 3138	(12) 845 × 5 = 4225
(13) 2 × 94 = 188	(14) 3 × 43 = 129	(15) 6 × 52 = 312
(16) 2 × 85 = 170	(17) 3 × 73 = 219	(18) 4 × 46 = 184
(19) 7 × 24 = 168	(20) 3 × 61 = 183	(21) 8 × 53 = 424
(22) 6 × 74 = 444	(23) 4 × 64 = 256	(24) 8 × 34 = 272

(25) 42 × 13 = 546	(26) 54 × 12 = 648	(27) 21 × 35 = 735
(28) 84 × 22 = 1848	(29) 63 × 23 = 1449	(30) 43 × 52 = 2236
(31) 56 × 41 = 2296	(32) 23 × 93 = 2139	(33) 75 × 32 = 2400
(34) 34 × 62 = 2108	(35) 92 × 18 = 1656	(36) 87 × 37 = 3219